我
们
一
起
解
决
问
题

果汁狸◎著

为什么你总是看错人

人民邮电出版社

北京

图书在版编目（CIP）数据

为什么你总是看错人 / 果汁狸著. -- 北京 : 人民
邮电出版社，2025. -- ISBN 978-7-115-67545-3

Ⅰ. C912.11-49

中国国家版本馆 CIP 数据核字第 2025GN2462 号

内 容 提 要

在复杂的人际交往中，看人、选人往往是建立健康关系、规避潜在风险的关键。即使千人千面，但如果我们能从心理学的角度看懂一个人语言和行为背后的真实需求，就可能预判出一段关系的未来走向。

本书从依恋风格、人格类型和防御机制等方面出发，帮助读者精准看清一个人的"语言"和"行为"背后的真实需求。全书共分为五章。第一章围绕依恋理论展开，引导读者认识依恋风格，看懂自己和对方的依恋风格；第二章聚焦人格，帮助读者了解不同人格的特征，并识别各类高消耗型人格；第三章介绍防御机制中的投射，助力读者运用投射看人并避免被迫扮演特定角色；第四章分享了通过眼球转动和肢体语言看人的小技巧；第五章是进阶内容，涵盖关系质量评估、止损预警等。

无论是渴望提升亲密关系质量，还是在社交、职场中频繁与人打交道的读者，都能从本书中汲取智慧，更好地理解他人，更好地修补自己。

◆　　　著　果汁狸
　　责任编辑　王一帆
　　责任印制　彭志环

◆人民邮电出版社出版发行　　　　北京市丰台区成寿寺路 11 号
　邮编 100164　电子邮件 315@ptpress.com.cn
　网址 https://www.ptpress.com.cn
北京市艺辉印刷有限公司印刷

◆开本：880×1230　1/32
　印张：7.5　　　　　　　　　　　2025 年 7 月第 1 版
　字数：150 千字　　　　　　　　2025 年 9 月北京第 3 次印刷

定　价：59.80 元
读者服务热线：（010）81055656　印装质量热线：（010）81055316
反盗版热线：（010）81055315

为什么你在感情里总受伤?
答案藏在你的依恋风格里。

 人格魅力的重点，不是魅力，
而是人格。

 一个人狠狠攻击你的点，
可能是他自己最大的痛点。

身体和神经反应从来不会骗人。

你不是关系中的受害者，而是自己人生的导演。

前　言

"为什么我们总在关系中受伤？"你有没有想过：为什么成年后的关系总让人疲惫？明明渴望被爱，却总是遇到冷漠的伴侣；明明想要真诚地和对方沟通，却总是只有反面效果；明明很信任对方，却屡屡错付……

你好，我是果汁狸。作为一名心理咨询师，我见过很多在关系中伤痕累累的来访者。有人因伴侣的回避冷漠抑郁三年，有人被上司的偏执型人格逼到辞职，更多人耗尽半生才惊觉："原来我从未看懂人心。"

打开这本书的你，一定也对关系中的各种弯弯绕绕有太多的迷茫与困惑。别着急，这本书就是你打开关系认知大门的钥匙。

你是否还记得，小的时候，一切都很轻松。当我们还是小朋友的时候，在我们的感知里，时间过得特别慢：在草地里看小花，闻着泥土的气息挖蚯蚓，穿着小黑皮鞋追着小狗玩。哪怕在大太阳下面，我们的身心也是轻松的，我们跑跑跳跳，精力旺盛根本不知道疲惫。每次到了幼儿园睡午觉的时间，我总是大叹一口气："怎么又要睡觉了？一点也不困，根本没玩够。"还令我记忆犹新的是，小时候我家在六楼，每次回家爬楼梯，我都能一口气爬上去，然后跟我爸大喊："你在干吗？怎么还不上来！"我爸总是回答："太累了！你以为我是个小孩子？"

成年之后我经常会想起这些，尤其是在我沮丧、疲惫、"压力山大"的时候，我不停地探索这个问题："为什么我们的童年总是时间够用、精力旺盛、充满斗志呢？"

我认为这不仅是机体健康的原因，更深层次的原因，源自那时候的我们，内心是一张白纸，没有被太多的挫败体验和沉重的感受拖拽着。

成年之后，伴侣替代了小时候的父母，成为那个让我们依恋的港湾和归属，也成为排解生活压力、共担风险的伙伴。如果我们在每次的亲密关系中都所托非人，就相当于每次都在轻盈的内心上，多涂抹了一笔。

一次冷暴力能失眠整夜，一次"甩锅"能自我怀疑半年，一次背叛让余生都带着阴影……这些负面的体验越多，我们内心的内耗和恐惧就越多，未知的、可以被创造的地方就越少。当负面的关系所带来的情绪把我们填满，我们的内心就会充满着沮丧和煎熬，宛如一块重重的石头，压在心口。

学会识人，找到真正适合我们、让我们心态变得轻盈、积极的那个人，比在关系中与不适合的人互相纠缠折磨更正确。

《为什么你总是看错人》这本书，不是一本根据表面行为，分析意识层面想法的情感读物，而是一本基于对个体依恋风格的判断，帮助大家读懂他人，重塑自我，探索自己和对方深层需求的书籍。这也是一本关于"识人"的工具书，帮助你在人生的各种关系中，特别是在"亲密关系"中，修正、训练自己的感受，精准、快速地识别对方。本书将通过依恋风格、人格特质、防御机制等多个维度，深入剖析人性中的复杂性和多样性，通过分析和练习，让你快速掌握看人技巧，不再耗费精力与他人拉扯，从此将所想、所要、所爱主动掌握在自己手中。

第一章围绕依恋理论展开，深入探讨了依恋风格的形成及其对亲密关系的影响。通过了解依恋风格，大家可以快速识别自己和他人的依恋模式，从而在关系中做出更明智的选择。第二章聚焦人格，帮助读者了解不同人格的特征，了解自恋型人格、偏执型人格（以"绝对正确武装自卑"）等八类高消耗型人格。第三章介绍防御机制中的投射，助力读者运用投射识人并防范"投射性认同"，避免被迫扮演特定角色。第四章分享实用的看人小技巧，包括通过眼球转动和肢体语言读懂他人的内心状态。第五章是进阶内容，主要讲解如何科学评估一段关系的健康度，如何在低能量的关系中充盈自己，如何启动"关系急救行动"，以及如何从防止被伤害走向引领一段关系。

总的来说，这本书是我将几千小时的咨询案例通过梳理整合形成的结构化记录，堪称一本"人性说明书"。我希望这本书可以让你更好地在生活、婚恋、职场的各种关系里，读懂自己，也读懂谁是最匹配自己的人；也希望你能在生活和工作中通过精准识人更好地达到社交目的，实现个人成长。

期待你看完这本书，会有一种打开新世界的感觉，结合自己曾经有一点点感觉，却无法言说的潜意识，完成自我的重塑。

了解自己，读懂别人，你的世界会变成一个崭新的宇宙，而觉知这一切最好的时机，就是现在。

目　录

第三章 通过投射看人

第四章 看人小技巧

第一章

通过依恋风格看人

为什么你在感情里总受伤?

答案藏在你的依恋风格里。

认识依恋

什么是依恋

"依恋"最初是指小婴儿对妈妈的爱，这份爱最后会幻化成我们在亲密关系里的一种回应模式，同时，它也会深远地影响我们未来的亲密关系。

婴儿对安全感的感知和对自己的感知都来自第一养育者。幼年时，我们看着妈妈每一天的行为，听着她跟我们反复说的话，慢慢地把妈妈跟我们的互动内化进心里，"我"就诞生了。同时，我们也习得了对待自我和回应亲密关系的模式，这种模式会变成我们跟伴侣相处的方式，体现在我们未来的亲密关系里。

"依恋"的英文是"attachment","attachment"的动词是"attach","attach"有"贴着"的意思。

"贴着"更形象地表达出我们依偎在妈妈怀里的状态。为什么是贴着？贴在一起是亲密无间的需求。这种亲密无间的需求是一个小婴儿对妈妈的爱和依恋。在这种紧贴的关系里，我们如何被回应和对待，会凝结成我们未来回应和对待伴侣的方式。

依恋的意义

克莱因说过，最早的客体关系（即与母亲的关系）构成了自我发展的基础，并为日后所有关系设定了模式。当我们是婴儿的时候，好的依恋需要妈妈对小婴儿的需求保持高度敏感，这里的"高度敏感"不是指妈妈保持 24 小时敏感，给出源源不断的回应，而是指在小婴儿需要的时候给出及时、恰当的回应。

这些回应便是小婴儿感受妈妈的爱的途径。这些互动会让孩子将妈妈内化于心，形成妈妈和孩子之间的依恋关系，因此至关重要。长大后，无论我们走多远，每当遇到挑战和困难的时候，那个被我们内化到心里的妈妈都会再次出现，鼓励我们，支持我们。

一个人在一生的不同时期会有不同的伙伴；但是在同一时期，一个人会有一个主要依恋对象。无论科技多么发达，唯独无法取代依恋。人与人之间的依恋关系，可以跨越现实和科技，这就是依恋的意义。

我们每个人都有自己的依恋风格，这些依恋风格都来自我们早年在原生家庭的互动中形成的依恋关系，这些依恋关系与贫富无关。如果我们早年被高质量地爱过，就会和爱的人创造出高质量的关系。即使我们早年没有被高质量地爱过也没关系，只要通过自我练习，培养出安全的关系环境，也可以重新建立自己的依恋风格。

现在，请想象自己回到出生后的前三个月，耐心地爱自己，信任自己，幸运就会慢慢降临。

看懂自己的依恋风格

不同依恋风格的特征

"依恋风格"最初由英国心理学家约翰·鲍尔比提出，用于描述婴儿与养育者之间的情感联结模式。安斯沃思根据鲍尔比的研究设计了陌生情境实验，并根据实验观察首次将依恋风格分为安全型依恋、焦虑型依恋和回避型依恋。

陌生情境实验是一个很有启发性的测量儿童依恋风格的实验。在这个实验中，研究人员会进行数次家访，并用评分量表记录一组 12 个月大的孩子的测量分数。通过一年的定期测量之后，每一对接受观察的妈妈和孩子都会被带到一个陌生的房间里，进行 20 分钟的观察。

实验观察内容　将接受测试的孩子、妈妈和另一个陌生人以组合的方式安排在实验室进行游戏，并观察孩子在这种情境下的情绪和行为反应。然后安排妈妈离开，孩子则留在房间里跟陌生人共处。一段时间后让妈妈返回房间，观察孩子再次看到妈妈后的反应。

实验观察目的　通过实验，观察不同的孩子在妈妈回来后跟妈妈的互动方式，这种重新建立联结的方式可以体现出他们的依恋风格。（后来研究人员用同样的方法观察了爸爸和孩子的互动，结果相同。）

陌生情境实验在不同的文化背景下被不同的研究人员重复

研究过上万次。根据研究结果：**最能反映孩子依恋风格的关键时期是妈妈跟孩子重逢后的阶段。**在这个阶段，孩子回归妈妈怀抱，得到安慰之后，恢复安全感的速度，以及他们重新开始玩手里玩具的速度，决定了他们的依恋风格。

研究结果显示：

安全型依恋（Secure Attachment）**的孩子**在妈妈回到房间后会积极主动地向妈妈撒娇和表达想念，然后很快回归平稳情绪，回到游戏中；

焦虑型依恋（Anxious Attachment）**的孩子**在妈妈回到房间

后会大哭并表现出对妈妈的怨恨，久久不能平静，需要长时间的安抚才能回归相对平稳的情绪；

回避型依恋（Avoidant Attachment）的孩子在妈妈回到房间后并没有明显的表现，就像妈妈没有回来一样，从始至终都表现得若无其事，漫不经心地玩着手上的游戏，似乎很独立。

为什么会这样呢？

研究人员根据长期观察发现，**焦虑型依恋的孩子的主要养育者既不是足够敏感，也不是完全漠视，他们给出的爱表现出非常低的一致性——有的时候过度，有的时候刚好，有的时候欠缺**。这会导致孩子不信任主要养育者，同时这种不一致的爱也会让孩子形成强烈的恐惧、焦虑和怨恨等情绪。这些强烈的情绪一方面源于"不确定"，当一个孩子不确定自己会得到什么样的对待时，就会心生恐惧和焦虑，进而产生怨恨。

另一方面，"不确定"也会导致孩子想要紧紧盯住让他们焦虑的源头——主要依恋对象（通常是妈妈）。他们试图通过征服"源头"来确认自己是"安全"的，这就导致孩子的注意力经常放在让他们感到"不确定"的人身上，很难转到自己身上。

　　妈妈一旦又做出不可预测的行为和不符合期待的反应，就会反复激活孩子的焦虑依恋系统——孩子会陷入崩溃、怨恨、愤怒的情绪，开始大哭大闹并对妈妈表现出焦虑情绪，久久不能平静。如果妈妈反复激活孩子的焦虑依恋系统，就会导致孩子在亲密关系里的依恋风格——焦虑型依恋逐渐出现。

　　回避型依恋的孩子的主要养育者在孩子的成长过程中会长时间习惯性地忽视孩子的需求。这类养育者对孩子的需求完全不敏感，或者他们自己就属于回避型依恋，因此不愿意面对孩子的情绪。孩子在成长过程中看到的就是在每次发出需求之后都被稳定地无视和拒绝，那孩子就会产生一种信念：依赖他人

是可耻的，是无用的；向外求是会被拒绝和伤及自尊的。

为了避免向外求可能引发的巨大痛苦，孩子便会逐渐减少自己对外界的期待，把对外界的期待降到最低，去适应他们冷漠的养育者，维持关系的平衡。**孩子会屏蔽外界的信号，学习进入一种自我依赖的环境，慢慢形成一种自给自足的假象，然后说服自己：我一个人也是可以的，我自己可以保护自己。** 就像实验中的孩子表现的那样：似乎对妈妈是否回来，已经不再关心。"妈妈回不回来，我都不会抱有期待，这样我就不会受伤了。"

不同依恋风格的形成

根据研究结果，安全型依恋的孩子在成年后更容易建立稳定的亲密关系，焦虑型依恋的孩子在成年后常出现过度依赖他人和不安的状态，而回避型依恋的孩子在成年后则会表现出持续回避依赖和疏离的状态。

研究人员探究原因后发现，"安全型依恋"的孩子的主要养育者都有一个共同的特征：面对孩子的需求，他们能保持高度"敏感"，在孩子需要的时候通过稳定、可预测的方式回应孩子，虽然不一定能及时读懂孩子发出的信号，但能温和而耐心地不断尝试。

这就让孩子和主要养育者之间建立了基本的信任。在孩子的成长过程中，他们的心声通常如下：**有情绪的时候，我相信自己不是孤立无援的，父母一定会支持我。**于是，他们就会对他人产生信任。

那些"不安全型依恋"（焦虑型依恋和回避型依恋）的孩子的主要养育者对孩子的需求都不够敏感：有的会完全忽略孩子的需求；有的会按照自己的意愿给予孩子太多或太少的关注和爱；有的因为自身严重的缺陷，不但不能给予孩子关注和爱，还会虐待孩子，让他们陷入深深的恐惧和不知所措中。

"不安全型依恋"的孩子的主要养育者的回应会让孩子对依恋关系失去基本的信任。而最根本的原因其实还需要追溯到主要养育者的依恋风格，主要养育者本身的依恋风格对孩子的依恋风格的形成至关重要。

在得出 12 个月大的孩子的依恋风格之后，研究人员又在 5 年后，对这组孩子再次施测。

虽然这个时候他们已经 6 岁了，但测试结果显示，这些孩子的依恋风格仍然与 12 个月大时的依恋风格保持一致。同时，研究人员对他们的主要养育者进行了依恋测试。结果发现，主要养育者的依恋风格也跟孩子的吻合。也就是说，孩子在 12 个月大时和 6 岁时呈现的依恋风格是一致的，并且该依恋风格与其主要养育者的依恋风格也是一致的。

这个结果很重要。**它说明了在 12 个月大的时候，孩子的依恋风格就成型了，也说明了主要养育者的依恋风格会直接影响孩子的依恋风格。**在后期的生活中，排除环境巨变、人际冲突、重大事故对依恋风格的影响，早期成型的依恋风格将会延续到孩子成年以后。

当然，依恋风格也并非一成不变，遇到以下两种情况可能会改变一个人的依恋风格：

- 遭遇天灾人祸、生活巨变等重大变故；
- 拥有自我觉察和反思的能力，不断养育自我。

判断自己的依恋风格

童年时期的你，更偏向哪一种依恋风格？现在请根据上文的描述，用一件印象深刻的事情作为判断依据，回想一下。

例如，在你和父母第一次分离的场景中（如父母出差、你第一次上幼儿园等），你的反应是什么？

是大哭着不愿意离开父母？

还是很安心地进入幼儿园？

抑或是冷漠麻木、若无其事地进入新的环境？

幼儿园等妈妈

回避型依恋：回避

安全型依恋：安心

焦虑型依恋：焦虑

　　把你的反应与上文提到的不同依恋风格的特征进行对比，你就能大致判断出自己的依恋风格。你也可以使用下面的筛查工具进行自查。

依恋风格初步筛查工具

1. 当伴侣不回消息时，你会怎么做？

　　A. 疯狂地打电话（焦虑型依恋）。B. 装作不在意（回避型依恋）。C. 先忙自己的事（安全型依恋）。

2. 吵架后，你倾向于怎么做？

A. 立刻道歉求和（焦虑型依恋）。B. 冷战到底（回避型依恋）。C. 冷静后沟通（安全型依恋）。

3. 伴侣突然提出需要独处，你会产生什么反应？

A. 怀疑对方不爱自己了（焦虑型依恋）。B. 心想正好自己也需要空间（回避型依恋）。C. 尊重对方的需求，安排自己的事（安全型依恋）。

4. 约会时对方迟到半小时，你会怎么做？

A. 不停地发消息质问（焦虑型依恋）。B. 直接取消约会（回避型依恋）。C. 询问原因并调整计划（安全型依恋）。

5. 当伴侣赞美其他人时，你会怎么做？

A. 嫉妒并比较（焦虑型依恋）。B. 冷漠回应（回避型依恋）。C. 一起讨论对方的优点（安全型依恋）。

6. 面对长期承诺，你会产生什么感觉或如何应对？

A. 认为必须时刻和对方绑定在一起才有安全感（焦虑型依恋）。B. 感觉压力太大，想要逃避（回避型依恋）。C. 顺其自然，共同成长（安全型依恋）。

7. 伴侣忘记纪念日，你会怎么做？

A. 崩溃大哭，认为对方变心了（焦虑型依恋）。B. 假装无所谓，但在心里给对方扣分（回避型依恋）。C. 幽默提醒对方并一起补过（安全型依恋）。

8. 你分享心事时，希望伴侣如何回应？

A. 立刻安慰你并解决问题（焦虑型依恋）。B. 简单倾听但不追问你（回避型依恋）。C. 认真倾听后给予你支持（安全型依恋）。

9. 面对冲突，你通常会怎么做？

A. 情绪化指责（焦虑型依恋）。B. 逃避沟通（回避型依恋）。C. 理性分析问题（安全型依恋）。

10. 你理想的亲密关系状态是什么样？

A. 形影不离（焦虑型依恋）。B. 保持独立，互不干涉（回避型依恋）。C. 保持亲密但有个人空间（安全型依恋）。

看懂对方的依恋风格

为什么要看懂对方的依恋风格

在爱情中，我们在认识一个人的初期，通常对对方充满好奇和期待，甚至把对方想象成我们脑海里那个"完美的伴侣"。然而在相处的过程中，我们慢慢发现"想象的对方"和"实际的对方"相差甚远，最后双方在恋爱中渐生嫌隙，甚至心生怨怼，浪费了大量的时间。

我们之所以感到愤怒和失望，是因为我们在不了解他人的前提下，自己给对方加了一层滤镜。因为人越不清楚实际情况，就越容易按照自己的想象填补和美化那些空白的部分。

你喜欢细致体贴的另一半，就会幻想：对方如果爱我，一定是体贴我的。

你喜欢会说甜言蜜语的另一半，就会期待：对方会给我制造浪漫，我的爱情一定比他人的甜蜜。

你喜欢被宠和被照顾，就会想象：对方一定会事事以我为先，给我兜底。

最后的结果往往是"没想到，你居然是这样的""我真的是被猪油蒙了心""你为什么会这样对我？我简直是倒了大霉才遇到你"。

依靠期待和想象看人，往往落差巨大。但是大部分刚进入社会的男女，不了解心理学，也不懂依恋关系，没有经历过几段恋爱，缺乏正确的爱情示范，很容易把爱情交给想象和命运。于是下面的情况经常出现：突然有一天，对方做了某件事，你大跌眼镜，惊呼"你居然是这样的人"，发现双方根本不合适，对自己浪费了这么多时间感到很懊恼。

> 当你看懂依恋风格，就像自带了关系中的"剧透"功能。

一生看似很长，实际上时间有限，精力有限。未知的探险固然新鲜，但是知己知彼，方可百战不殆。

在婚恋中，识别对方的依恋风格是选择另一半的捷径，因为这能让我们大致了解跟对方进入一段关系后自己会被如何对待，也能让我们大致预判对方在关系中的行为模式。**在对的人身上努力，能够避免在错误的关系中浪费心力和时间，相当于给人生提速**。

当然，识别对方的依恋风格，不仅适用于婚恋关系，让我们少走弯路，也适用于其他人际关系，可以让我们在很多事情上事半功倍。

接下来，我会介绍如何在初次见面和长期相处中识别对方的依恋风格，并了解不同依恋风格者的特质。

温馨提示

- 请先打开自我的感受，抛弃对立的"对错"思维，不加评判，而是关注感受本身。
- 学会积极提问，提问与反馈有利于对方表达真实的自我。
- 对方的行为模式与早年被养育的方式密切相关，所以了解对方父母的依恋风格及对方在童年时被对待的方式至关重要。
- 对方的感受同样重要，询问感受是重要的一环。回避型依恋者通常会回避自己的感受，有语塞或转移话题的行为；而焦虑型依恋者通常会过度表达自己的感受，在尽兴的时候会出现滔滔不绝或情绪失控的状态。

如何在初次见面快速了解对方的依恋风格

我们和一个人初次见面时，如果对方的表现自然且放松，那么他大概率属于"安全型依恋"，因为**安全代表了合理的、适度的防御**。初次见面时防御很重、人格面具很厚的人基本属于"不安全型依恋"。例如，焦虑型依恋者可能保持一副高度考察你的姿态，回避型依恋者看起来很友好，但是边界感极强。

如果我们看不出对方的依恋风格，可以尝试夸夸对方，然后观察对方的反应。

安全型依恋者会做出恰当的反应：表现得不卑不亢，让我们觉得舒适和放松。

焦虑型依恋者会很享受我们的夸奖，跟我们交换情绪价值。焦虑型依恋者很容易交浅言深，呈现出"小宝宝找妈妈"的状态。在婚恋中，焦虑型依恋者看似是在找伴侣，其实需要一个无条件爱他们的人来证明自己很重要。所以，如果焦虑型依恋者对我们不反感，通常会说很多话，和我们聊很久，也会分享自己的很多感受。

回避型依恋者则会对夸奖表现得非常戒备，他们会怀疑夸奖的动机，同时他们并不喜欢提供情绪价值和表达自己的感受。所以，如果我们夸一个人时，对方表现得不自在或顾左右而言他，且聊天时采用有事说事的模式，那么这个人很有可能属于回避型依恋。

如何在长期相处中判断对方的依恋风格

大家可以回想一下曾经的感情经历，体会关系中不同的人带给自己的不同体验和感受。尤其是关于感受的部分，大家需要闭上眼睛用心体会。

感受是宝贵的礼物，面对感情中的很多问题，只要我们追溯到两人最初遇见的时刻，其实都会在无意识里发现一些异样和端倪。只不过很多人因为没有心理学基础，即使隐约察觉到问题，也无法抓住这些蛛丝马迹，甚至会压抑自己不好的感受，用逻辑和理性去分析问题，最终忽略了直觉的指引。

当然，我们没有在最初就察觉到问题还有一种可能：我们的父母从小就不尊重我们的感受，总是在我们有很糟糕的感受时，告诉我们·你的感受是错的，我都是为了你好。

所以当我们成年后遇到不好的感受时，就习惯否定自己的感受，并且内心的父母也会不自觉地跳出来告诉我们：你的感受不重要，对错才重要。

但是实际上，**当一件事、一个人有问题时，感受会最先提醒我们。**

所以，在和一个人长期相处时，我们要用心识别自己的每一份细小的感受，极度快乐和极度不舒服通常都是无意识的警铃，我们需要停下来多问问自己：为什么我会有这样的感受？这样才能在关系中少走很多弯路。

不同依恋风格者的特质

安全型依恋者：温和，情绪平稳，让人如沐春风

安全型依恋者情绪平稳，可以时刻平衡和协调自己，不妄自菲薄，也不妄自尊大，在为人处世、言谈举止方面都表现得恰到好处，这样的表现会让他人产生一种很和谐的感觉。

他们内心的安全感来自对自我的确定：我不用很努力地证明自己，我也不用躲避冲突，我相信我能解决问题。

我们生活在充满空气的世界里，空气融入我们生活的方方面面，却不容易被我们察觉，所以我用"空气"来形容安全型依恋者。

多项研究和实验表明，安全型依恋者在亲密关系中具备"情绪灭火器"的特质，更具有化解冲突、处理矛盾的天然属性。他们能调动内心丰富的资源来应对危机，跟伴侣争吵时，他们不会甩门而去，而是会冷静面对。他们擅长把双方的矛盾和自己的需求整合到一起，和伴侣携手面对和解决问题。

● **安全型依恋者能让亲密关系进入"省力模式"**

安全型依恋是一种拥有积极信念的依恋风格。安全型依恋者在亲密关系中拥有稳定性，他们善于支持伴侣，赋予对方正向的能量，能够为健康的关系提供基础。

如果你有一个安全型依恋的伴侣，对方倾向于理解、包容和支持你，让你在充满安全感的环境中有更大的动力和信心去探索世界。

同时，安全型依恋者在关系中更倾向于择　而终，**因为内心安全的外显表现就是——缝缝补补一辈子。**

追求质量而非数量的心态让他们在婚恋市场上变成优质却不流通的货币，因为他们一旦进入一段关系，通常抱着从一而终的原则。所以如果你能在婚恋中遇到一个安全型依恋者，那是一件很幸运的事，这代表你的亲密关系可能进入了"省力模式"，对方可以成为你的安全基地，把你们的感情发展成稳定的堡垒。

在生活中，安全型依恋者会注意到你的负面情绪，此时他们通常不会站在你的对立面，而是会坚定地跟你站在同一边，与你一起解决问题。

● **用"感受"识别安全型依恋者**

安全型依恋者日常呈现出自然、舒服、放松的精神状态，同时在相处中，也很少会让身边人感到激烈和浓郁的情绪，甚至会让身边人感觉缺乏一点激情。**所以在恋爱中，安全型依恋者属于"白开水型恋人"**。他们会给人一种刚刚好的感觉，是关系中的稳定剂。

你也可以回想一下，有没有哪个朋友带给你的感觉是不浓烈但能长久的。

你甚至都不太能意识到对方的存在，就像你通常情况下不会意识到空气的存在一样。对方不会通过消失的方式吸引你的注意，而是化成你的习惯和你融在一起。

安全型依恋者带给你的确定感就是他们早年的养育者带给他们的感觉，他们充分地感受到这种确定感并将其内化于心。长大后，安全型依恋者就不需要通过"向外确认"的方式来获得安全感。在婚恋中，这种对自己的信任会外显为对伴侣的信任，对不安全型依恋的伴侣也是一种示范。安全型依恋者会成为关系中的榜样，慢慢让不安全型依恋的伴侣变得安心。

● **安全型依恋者的语言特征**

当你们争吵时，安全型依恋者会通过语言征询并化解矛盾，例如，"你好些了吗？我们聊聊吧。""你心里有什么委屈？你能说说吗？"这样的语言常常出现在安全型依恋者与他人发生争吵后的沟通中。

当你说"我需要一个人待一会儿"时，安全型依恋者不会有共生的期待，也不会因对方不依赖自己而产生怀疑自己的想法。安全型依恋者首先假定自己是没有问题的，他们不会曲解对方话里的含义，而是会理解对方，尊重对方的需求。

当你质问一个安全型依恋者"你怎么把这件事做成这样？

你为什么不在乎我的感受？你到底是什么意思？"时，对方通常会跟你耐心沟通。他们擅长倾听，相信可以通过沟通让双方都满意，增进彼此的感情。

● **安全型依恋者的非语言特征**

安全型依恋者的肢体是舒展且放松的。他们在与你交流时，眼神会直视你；在做事的时候，他们呈现的状态是稳定、专注、不慌不忙的；如果他们心情变差，会主动调节情绪，也乐于接受他人的关怀和好意。

案例：你的爱让我感到舒适且自由

我有一位来访者的丈夫属于安全型依恋。在沟通的过程中，来访者会抱怨自己的丈夫缺乏情调。但经过细细询问后，我发现在她的描述中，她的丈夫帅气、阳光，心思简单，很有边界感，也能够充分尊重伴侣。

除此之外，她的丈夫也有自己的追求，会给予她很大的空间，这反而让她感受不到激烈的爱。但是最后她发现，她之所以对丈夫不满意，不是因为对方有问题，而是因为她属于焦虑型依恋。因为她内心缺失的东西太多，所以在面对平淡朴实的爱时就会觉得少了点激情。当她逐步恢复安全感，迈进安全型依恋的大门时，有一天，她在咨询中说道："很感谢我丈夫，他给了我很多包容和自由，我很幸运在自己并没有那么成熟的时候遇到他，并嫁给了他。"

> 安全型依恋者的爱，是关系的"稳定剂"。

焦虑型依恋者：总是期待对方的关注和回应

焦虑型依恋是不安全型依恋的一种。焦虑型依恋者的内心没有稳定的安全感，他们属于依赖型人格，害怕被抛弃，总是对情感关系感到焦虑和紧张。

焦虑型依恋者非常乐意跟你解决问题，解决问题的过程也是他们确认你爱他们的过程。

因为内心缺乏爱，所以焦虑型依恋者在解决问题期间可能伴随着依恋系统被激活，出现指责、愤怒、欲擒故纵或试探分手的回应。这些不安全回应并不代表他们不想解决问题，而是他们的依恋系统被激活了，他们需要反复确认自己被爱着才能恢复安全与平静，然后才能回到解决问题本身。

● **用"感受"识别焦虑型依恋者**

永恒的热恋是焦虑型依恋者带给伴侣的感受。他们希望跟伴侣保持一对一的高浓度的爱。

焦虑型依恋者通常有很强烈的需求感，低自尊的焦虑型依恋者可能会伴随卑微、顺从等特征；而高自尊的焦虑型依恋者可能会伴随指责、打压或欲擒故纵等情绪控制行为。不论是低自尊的焦虑型依恋者，还是高自尊的焦虑型依恋者，常常会将他们试探分手时你的态度和他们是否被爱关联起来。

焦虑型依恋者在亲密关系中常有的表现如下：

- 欲擒故纵，试探指责，夸大形式的抗议；
- 拯救心态，自证情节，任性的内在小孩；
- 过度依赖二元关系，追求高浓度的融合感。

● **焦虑型依恋者的语言特征**

焦虑型依恋者的心里其实有一个深刻的负性信念：**我不确定我好不好，所以你需要不断地回应我，只有你每时每刻都会回应我的需求，才说明我是好的，你是在乎我的。**

他们在表达中经常会用到以下语言。

✓ **如果……就……**

"如果你真的爱我，就会来陪我。"

✓ **（不）应该**

"我对你不好吗？那你对我做这些不应该吗？"

✓ **你根本就……不然……**

"你根本就不在乎我，不然你不会连我的信息都没有注意到。"

从这些语言中，我们不难看出，焦虑型依恋者的身上多少有一点"情感绑架"和"非黑即白"的味道。这也体现为他们不接受中间地带，追求极致的爱情，而这种爱情的浓度就比安全型依恋者需要的高出很多。

● **焦虑型依恋者的非语言特征**

焦虑型依恋者最典型的非语言特征就是焦虑，他们经常把注意力放到他人身上，经常会不经意地猜测他人的想法，关注他人的需求。他们一个人待着时就会觉得心慌，缺乏安全感，很难察觉和识别自己的感受，喜欢通过观察他人的反应来确认自己的存在。因为缺乏底层安全感，所以他们做事情时难以集中注意力，他们做事的目的不是自我满足，而是期待得到他人更多的认可。

案例：你的爱让我压力好大

我的一位来访者属于典型的焦虑型依恋。她第一次接受咨询的时候，一开始就表现出对男朋友的愤怒和失望，认为对方如果爱她，就不会不按照她的期待对待她，还觉得对方如果没有把大量的时间和精力都放到她身上，就是不够爱她。在一次咨询中她提及，她的男朋友曾表示，跟她在一起有时候非常甜蜜，但有时候也面临很大的压力。焦虑型依恋者的爱对于普通人来说有点像"热暴力"，他们给的爱很多，但需要的回应也很多。

焦虑型依恋者的"爱"是溺水者的求救。

回避型依恋者：无法面对伴侣的期待，也承受不了激烈的情绪

回避型依恋是不安全型依恋的一种。回避型依恋者内心没有稳定的安全感，他们属于冷漠型人格，害怕被抛弃，所以在心里率先竖起厚厚的围墙，总是对情感关系感到不信任。

回避型依恋者遇到问题更容易陷入回避和沉默。他们的信念是负向的，独善其身只是因为从小到大没有人回应他们的需求，因此他们长大后会坚信自己不需要帮助，也不愿意帮助他人。

"我都是靠自己，你凭什么可以轻松地靠他人？"基于这样的信念，他们自然不会麻烦外界，也不会让外界麻烦自己。所以大家在跟回避型依恋者相处时，相对独立是首要条件。

● 用"感受"识别回避型依恋者

"总是感觉不太熟"是回避型依恋者带给他人的最大感受。和回避型依恋者的每一次相处都像一次重新唤醒他们记忆的过程。

回避型依恋者是记性不好吗？其实并不是，他们只是有非常强烈的边界感，一旦和他人的关系太近，内心就会不自觉地产生不适感和恐惧感，就会下意识地和他人拉开距离，回到自己的舒适区。

曾经有位回避型依恋者描述过这样一个场景：小时候，他被抱到炕上，一个人坐在上面看着家人打打闹闹，这个时候有人过来喊他加入，他心里非常生气，觉得自己的幸福被打断了。

你感受到的"难以靠近"是回避型依恋者的保护屏障，也是他们回避自己匮乏情绪的表现。当你试图跟一个回避型依恋者推心置腹时，就会感受到来自对方的极强的边界感。

回避型依恋者在亲密关系中常有的表现如下：

- 冷漠疏离；

- 回避情绪和问题；

- 轻视痛苦，回避感受。

● 回避型依恋者的语言特征

回避型依恋者其实有一个深刻的负性信念：**我是好的，他人是不好的**。他们在表达中经常会用到以下语言。

✓ **我正在忙**

　　"我正在忙，现在没空，你也去忙自己事吧。"

✓ **我很累**

　　"我很累，已经没有力气了，无法应对你的情绪。"

✓ **我不知道**

　　"我不知道答案，我只想逃离。"

从这些语言中我们可以看出，回避型依恋者习惯了只对自己负责，与他人保持一定的距离，不喜欢与他人产生共生依赖的关系，遇到问题时喜欢自己反思。在婚恋中，他们要的另一半是独立、自主、强大的，这样的伴侣才能让他们获得一些安全感和前进的信心。

● 回避型依恋者的非语言特征

回避型依恋者最典型的非语言特征是孤僻，他们会不自觉地回到一个人的世界。他们在自己的"星球"待久了，习惯了自给自足的快乐，也越来越感受不到两个人在一起的意义。他们经常会呈现出疏离的状态，像隔着一层玻璃罩子的仙人掌，看起来很孤单，即使你打开玻璃罩子，也难以靠近他们。

案例：你的爱让我像单身一样

我有一个来访者爱上一个回避型依恋者后非常苦恼，对对方的行为百思不得其解。（内容已得到来访者许可，部分关键信息已隐去。）

来访者："我们一开始相处得挺好的，他矜持有礼，不像那些油嘴滑舌的男人，我真的觉得他哪里都很好。"

①匮乏的情绪表现，述情障碍

来访者："我们在一起后，我慢慢发现他从来不会说情侣之间的甜言蜜语和情话，比如'宝贝''想你了''我爱你'之类的。而且每次我说完这类话以后，他都表现得很僵硬，也不会回应我的情话，更不会主动地表达情绪。情侣之间说情话不是很正常的事情吗？为什么他就是做不到呢？"

②回避亲密，延时满足

来访者："每次约会前，他都说要等他把工作做完才能出来，对此我也不理解。一想到晚上要跟心爱的人约会，我根本没有心思做事。但是他对待感情好像永远是理智的，似乎只有工作才能满足他，感情只是他计划表中的一个可有可无的待完成项。他在约会中也很不习惯亲密的举动，拉他的手也让我感到尴尬。"

③回避冲突，容易退缩

来访者："两个人在约会时就像隔着一层罩子，难以亲近。有一次约会时，我开始抱怨，甚至带了点指责和质问。那次他没有跟我直接发生冲突，可是约会结束后，他开始躲着我，对我也不再热情。在我去确认他对我的感情的时候，他变得更加回避，好像我越需要他，他越躲着我。这种回避沟通的姿态让我经常失眠，甚至产生强烈的自我怀疑。我现在不知道该怎么办，也不知道发生了什么。我们谈得越久，他就离我越远。我经常觉得自己跟没有男朋友是一样的。直到有一天，我把这个想法告诉他，他没有回应我，也不再回我的信息，甚至不再联系我。我一直在想，自己到底做错了什么？"

焦虑型依恋者在关系里找"妈妈"，回避型依恋者在关系里当"孤儿"，唯有安全型依恋者能成为你生活中的盟友。

不同依恋风格者在亲密关系中的需求

根据前面的内容，我们已经可以初步判断出一个人的依恋风格。下一步，我们要根据对方的依恋风格判断对方的核心需求。

回避型依恋者的核心需求

回避型依恋者在生活中的表现是，不处理情绪，只处理问题。

这种表现就是心理学中情感隔离的表现。什么样的人需要通过情感隔离去生活？是那些没有情感的人吗？显然不是，而是那些有丰富的情感，但是坚信暴露情感会有危险的人。

很多回避型依恋者在小时候遇到的情况是，几乎没有人回应他们的情感。这让他们在暴露情绪后产生强烈的羞耻感，如果一直没有人在乎他们的情绪，他们就会不自觉地把情感通道关闭，**形成一种"人只能靠自己"的信念。**

这样的信念是怎么产生的呢？如果一个人每次"向外求"都失败，他就会坚定地相信向外求是没有用的，转而"向内求"。

拥有健康人格的人是灵动的，可以向外求，也可以向内求，既能享受依赖，又能享受孤独。但回避型依恋者不是如此，他们因为太渴望情感，所以会走向另外一个极端：渴望有多强烈，防御就有多坚固。

你仔细观察就会发现，回避型依恋者很讨厌情绪化的人，也很讨厌依赖他人的人。从表面上看，他们好像是讨厌跟自己截然不同的人，但实际上，这个"截然不同的人"就是他们不接纳的自己。

那些被回避型依恋者讨厌的"情绪化和容易依赖他人"的特质都是他们小时候那个弱小的自我的化身，他们厌恶的其实是那个暴露出脆弱的自己。

当一个人坚决地讨厌和抵制一样东西时，这样东西有可能潜藏着他内心最深的渴望。就像回避型依恋者，他们用尽所有补偿策略，都是为了不再暴露情绪，不再面对曾经的绝望和无助。

在生活中，有些人会坚决拒绝某个东西，其实，这个东西可能就是他们最想要却没得到的东西。因为他们曾经有深层的情感需求却总是得不到回应，甚至可以说得不到任何回应，因此在长大的过程中，他们对自己的情感需求产生了一种强烈的羞耻感，觉得自己的情绪是可耻的，是没有任何作用的。

这类人在内心深处会不自觉地开始防御自己的情感，一旦产生情感需求，他们就会不断劝诫自己"我没有情感需求，有情感需求的人是弱小的，是被动的，是不会得到回应的"。他们不断压抑自己的需求，遇到问题，解决问题；遇到情绪，回避情绪。这就会导致他们慢慢地自动进入一种麻木的、只处理问题的状态。

在不涉及情感的工作和日常生活方面，回避型依恋者可能还会多一份稳重和矜持。实际上，这种"稳重和矜持"只是他们对情感产生绝望后表现出的自我保护状态。

这种状态让回避型依恋者开始回避亲密关系，尤其是当他们真正靠近自己的依恋对象并产生了依恋的情绪时，他们仿佛突然回到了小时候那个得不到回应的困境里，那个破碎的、不被看见的、不被允许情绪的内在小孩就会被再次唤醒。

为了不体会孤立无援的痛苦，保持自己的绝对安全，他们舍弃了情绪。而舍弃情绪的目的，就是不让自己陷入得不到回应的不安全感里。他们宁愿没有情绪，也不想被突然涌入的不安感淹没。长期的"独立"也导致他们无法耐受激烈的情感，对激烈的情感无所适从。

所以你可以把回避型依恋者的情感需求理解为：**就事论事的爱，安全稳定的爱，少量多次的爱，持久不变的爱。**这样的爱会让他们多一点安全感，多一些和对方继续相处下去的勇气。

那他们不喜欢什么样的人和感情呢？答案是**情绪极度不稳**

定的和依赖性强的人，以及高浓度的、过山车式的感情。

这种高浓度的、过山车式的感情很像焦虑型依恋者会给出的感情，这种感情起初会让回避型依恋者感受到一种自由表达的力量，双方形成表面上互补式的欣赏。但是，回避型依恋者很快就会发现，焦虑型依恋者自由表达的背后是焦虑和心急，是希望快速得到回应的迫切或某种情绪的失控，而这些都是回避型依恋者最避之不及的。焦虑型依恋者的种种表现让回避型依恋者仿佛看见了小时候有情感需求的自己并为此感到羞耻，因此回避型依恋者会像排斥自己的阴影一样，想要远离甚至摆脱焦虑型依恋者。

因为他们真正想要摆脱的是曾经那个有很多情感需求的自己，所以他们会像鄙视自己一样看不起情绪不稳定的焦虑型依恋者。然后，回避型依恋者和焦虑型依恋者就会形成典型的"追逃"模式。

总的来说，回避型依恋者在婚恋中通常会选择看起来更独立且情感需求较低的伴侣，他们希望两个人之间能有"此处留白"的默契，不喜欢把事情说开，也无法承受他人的情绪。

> 回避型依恋者沉默时，内心也许在尖叫。

焦虑型依恋者的核心需求

焦虑型依恋者在关系中最典型的表现就是依赖，他们需要不断得到伴侣的反馈才能确认自己内心的安全感。

在心理学上，这其实是缺乏主体性的表现。**缺乏主体性就是缺乏自我，缺乏主体性的人需要从他人的反馈里看到自己的存在才会感到心安**。

缺乏主体性的人往往都是在早年时主体没有被允许充分发展的人。"当我有感受的时候，妈妈也会回应我，但是她不是帮助我理解自己的感受，而是经常用她的感受覆盖我的感受，让我每次感到难过的时候都被打断注意力，然后去关注一个比自己的情绪更大的事物，如妈妈的情绪。"

很多焦虑型依恋者在童年时期不是没有得到过回应，而是得到了过多的回应。你有没有见过抱着孩子来回踱步的母亲？

她们来回踱步，摇着手里正在哭的孩子，使劲地哄。即使孩子已经睡着了，她们还是会来回走，直到孩子再次哭起来。如果你仔细观察就会发现，这类妈妈的焦虑程度是远大于孩子的。

这个时候，妈妈过多的行为对孩子而言就属于一种过度激活。孩子本来已经心满意足地睡着了，但是她持续地给予孩子更多的爱。**从心理学上说，给予孩子太少或太多的爱对孩子而言都是灾难。**

心理学主张的是一个 60 分的妈妈，这样的妈妈给出的爱也叫"恰如其分的爱"。如果回避型依恋的妈妈给出的是 30 分的爱，那么焦虑型依恋的妈妈很可能是时而给出 30 分的爱，时而给出 120 分的爱。前者是给的爱太少，后者是给的爱太不稳定。

所以，焦虑型依恋者是时而得到爱，时而得不到爱。而在没有安全感、不确定被爱着的时候，焦虑型依恋者会使用哭闹等方式来获取妈妈的关注。所以，与彻底绝望的回避型依恋者相比，焦虑型依恋者还没有放弃向外界索取的执念。

他们关注的重点在于，对方有没有充分满足我的需求。他们希望伴侣陪在自己身边，他们非常害怕被抛弃。同时，在没有得到爱的时候，焦虑型依恋者会沿袭曾经得到爱的方式，通过哭闹来试探对方的反应。

所以你可以把焦虑型依恋者的情感需求理解为：**多次的爱，大量的爱，浓烈的爱，可以反复确认的爱。**

那焦虑型依恋者不会和什么样的人相处呢？答案可能让人有点吃惊，越是焦虑的人，越是不能和安全型依恋者相处。

人会遵从自己无法察觉的无意识，不自觉地爱上两种人：跟自己早年的依恋对象相似或互补的人。

缺失的爱越多，需要的爱也就越多。一方面，焦虑型依恋者旺盛的情感需求让他们容易被表演出来的剧烈的爱所吸引，容易纠缠在虐恋中或沦陷在跟他们有相似创伤的人身上。另一方面，焦虑型依恋者容易爱上与其表面互补的回避型依恋者，爱上回避型依恋者也就代表爱上了他们无意识里的理想自我。

通常情况下，在关系里越焦虑的一方，越快进入"高开低走"的循环里。越焦虑的人，找伴侣的状态就越接近婴儿找妈妈的状态，他们想要伴侣百分之百的注意力、精力和时间来弥补小时候的情感缺失。为满足焦虑型依恋者的期待，其伴侣需要牺牲自己的需求，慢慢地，伴侣就会失去耐心。

所以，在填补好内心的缺口之前，焦虑型依恋者通常对安全型依恋者是无感的。让焦虑型依恋者"上头"的伴侣多数也并非良人，但这不影响他们在这种带有创伤性的强迫性重复里不断循环。直到有一天，焦虑型依恋者意识到了这种循环，发现自己不由自主的这些行为的根源，这个时候强迫性重复才可能开始发生转变。

总的来说，焦虑型依恋者在婚恋中通常会选择能给他们带来情绪价值的伴侣，哪怕对方的经济条件差一些，但只要对方能安抚他们内心的焦虑，补全他们心中缺失的爱，他们就可以接受对方。

安全型依恋者的核心需求

安全型依恋者小时候通常生活在有相对稳定的爱和尊重的家庭里，家庭成员彼此信任，家庭结构基本稳定。在这里，我想提示一点：这个世界上并没有绝对的安全型依恋者，但是相对安全的人拥有基本的和稳定的安全感。即使偶尔产生焦虑情绪，他们也能快速调节好自己。

在关系中，他们情绪平稳且有弹性，吵架时也能为对方做出表率，采取非暴力沟通的方式引导双方的关系往好的方向发展。

判断一个人是否为安全型依恋并不是看这个人是否会跟他人吵架。因为无论什么依恋风格的人都会经历吵架。判断一个人是否为安全型依恋要看经历吵架后这个人是否拥有和好的能力。

一个人用多长时间、用什么样的方式和对方和好是判断其安全程度和依恋风格的依据。

在吵架方面，安全型依恋者是不安全型依恋者的榜样。安全型依恋者更倾向于发展出一段深度且真实的关系，而非权力关系。所以他们不会和对方博弈或欲擒故纵，争当关系中的高位者。他们既可以明白自己的感受，也可以理解对方的处境，可以跟关系中的对方"好好沟通"。

所以，安全型依恋者更看中外部价值，在关系中倾向于选择那些内心不缺爱的、有基本安全感的人。他们的关注点会从基础的安全感发散到更多的自我价值实现上，在婚恋中会更偏向于选择可以和他们共同面对生活风雨的伴侣。

爱情不是运气，而是选择——用安全型思维筛选对的人，用成长型心态经营对的关系。

亲密关系中的依恋风格匹配

依恋风格的匹配铁律

依恋风格决定关系质量。

● **安全型依恋＋安全型依恋**

虽然世界上没有绝对的安全型依恋者，但是两个内心相对有安全感的人在一起是相当稳定的依恋组合。双方都有稳定的安全感，愿意包容、支持、理解对方，并且很乐意共同解决关系中的矛盾。如果你从一开始就确定了自己和伴侣是这样的依恋组合，那么你们在婚恋的道路上会顺利很多。

● **安全型依恋＋焦虑型依恋**

焦虑型依恋者往往有一个（或多个）焦虑的养育者，在小时候跟养育者的互动中，他们经常得到不可预测的回应。所以，焦虑型依恋者的内心缺乏安全感，他们不知道自己的什么行为会带来好的反馈，需要反复从对方身上确认。

当焦虑型依恋者找到一个安全型依恋的伴侣时，他们内心的焦虑在很大程度上可以得到缓解。安全型依恋的伴侣就像一个安全基地，不会过度讨好，但是也不会对焦虑型依恋者的痛苦视若无睹。安全型依恋的伴侣会和焦虑型依恋者一起面对问题、解决问题，也会带着焦虑型依恋者慢慢体会安全和稳定的感觉。

> 风险：焦虑型依恋者需要被深深地看见，需要对方提供感同身受的情绪价值。安全型依恋的伴侣往往无法满足焦虑型依恋者的需求，双方可能出现情绪难以同频的情况，这可能让焦虑型依恋者感到索然无味，并在中途寻找更热烈、更符合"心中感觉"的感情。

● **安全型依恋＋回避型依恋**

回避型依恋者往往有一个（或多个）忽视自己的养育者，在小时候跟养育者的互动里，他们提出的要求往往都被拒绝或被直接忽略了，这导致回避型依恋者的关注点回归自身，更容易对外界有防备心和产生不信任感。

如果回避型依恋者找到一个安全型依恋的伴侣，安全型依恋的伴侣就可以给他们留出适度的空间，然后慢慢用安全稳定的状态，让回避型依恋者走出自己的壳子。

风险：安全型依恋的伴侣也有可能在相处过程中被回避型依恋者激发出焦虑的一面，开始对回避型依恋者追问，双方演变为"追逃"模式。

● **焦虑型依恋 + 回避型依恋**

焦虑型依恋者和回避型依恋者都属于不安全型依恋者，而且双方采取完全相反的防御机制。双方都缺乏安全感，但采取的应对方法不同。焦虑型依恋者会不断向对方确认自己的存在，回避型依恋者会通过躲避来应对问题。这样的组合通常比较难以善终。焦虑型依恋者追得越猛，回避型依恋者躲得越快，双方最终更容易演变成无疾而终的关系。

所以，在恋爱开始前，你可以参考上面的内容，给自己和对方做一个测试。从依恋的角度出发，如果一段关系里有两个安全型依恋者，这段关系就会更加稳定；如果一段关系里有一个安全型依恋者，至少可以确保这段关系是相对稳定的。

如果一段关系里有两个不安全型依恋者，有以下

三种可能。

①焦虑型依恋＋焦虑型依恋＝轰轰烈烈的爱情

两个焦虑型依恋者的爱情模型：双方都很在意对方，都时刻紧张，常常小心翼翼，同时情绪大开大合，爱得轰轰烈烈，爱得极度甜蜜或疲惫，有时还带着浓浓的醋意。这样的爱情在早年被歌颂为"真爱"。但了解了依恋风格后我们就知道，这只是焦虑型依恋者的依恋系统在爱情中被充分激活后的表现。两个人中需要有一个相对安全的人先降低需求，成为对方的"妈妈"，不然就会出现需求打架的情况，导致两个人疲惫不堪，渐生嫌隙甚至心生怨怼，感情开始走下坡路。

②焦虑型依恋＋回避型依恋＝你追我逃

焦虑型依恋者和回避型依恋者是最快陷入僵局、开始相爱相杀的两个人，因为双方都在最初对对方有错误的预期，将对方看成理想化的自己。而回避型依恋者内心理想化的对方通常会率先幻灭，他们会采取逃避的态度激活焦虑型依恋者的依恋系统，然后双方快速进入"追逃"循环。这并不是说这段关系一定没办法善始善终，但是双方在相处中会一直处于需求打架的状态，除非有一方可以在恋爱过程中慢慢拥有安全感，变得更稳定，为另一方做出示范。

③回避型依恋＋回避型依恋＝渐行渐远

两个回避型依恋者是最容易走散的，因为双方都专注于自己，不信任他人，并且有僵硬的边界感。双方在生活中都不愿意给对方添麻烦，也不喜欢对方麻烦自己。礼貌、客气和疏离是双方相处的常态。但是如果有一方的焦虑值很高，被另一方激活了焦虑依恋系统，两个人就可能陷入焦虑型依恋和回避型依恋的依恋陷阱。

如何成为安全型依恋者

> 安全感不是他人给的，而是自己创造的。

在亲密关系中，不安全型依恋者的爱会经受更多磨难。两个焦虑型依恋者会爱得很激烈、很疲惫；一个焦虑型依恋者和一个回避型依恋者会发生需求打架的情况，很快进入感情恶化的对立状态；两个回避型依恋者则更容易渐行渐远。而在亲密关系中拥有安全感的人，就是我们所说的安全型依恋者。他们是亲密关系中的全能型人才，也是对方的安全基地，可以带领对方进入安全地带。这就是安全型依恋的意义。

美国著名社会心理学家马斯洛提出了马斯洛需求层次理论。该理论指出，**如果一个人有了底层的安全感，就会有勇气拥抱爱和尊严，同时去追求更高层次的自我实现。**

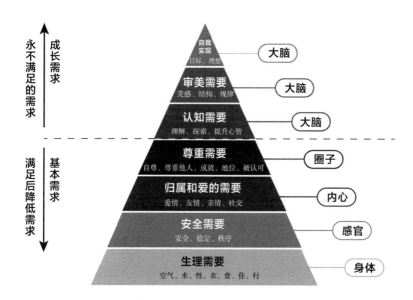

如果你不是安全型依恋者，那么你可以通过学习，觉察自己在亲密关系里的模式，了解"我"的缺失，更好地"满足"自己，把缺失补上，转变为安全型依恋者，然后拥有更多的选

择权。**在婚恋中，当你更安全、更稳定时，伴侣的质量就是一件可以预测的事情。**

● **首先拥有反思的能力**

不安全型依恋者要想变成安全型依恋者，需要提升两种能力：一种是理解他人的能力，另一种是理解自己的能力。这两种能力都跟元认知和心智化有关。**你要拥有反思能力，只有改变对体验的态度，才能改变对体验的感受。**

你可以观察自己，有意识地不带着评判去注意自己的体验，不要苛责、怪罪自己。你可以只观察，不评价，创造一个觉察性的自我。觉察性的自我就是安全型的自我。

根据实验数据，与父母不具备反思能力的情况相比，父母具备反思能力时，12 个月大的孩子形成安全型依恋的概率高出 3 至 4 倍。此外，反思能力较弱的父母中安全型依恋的占比是反思能力较强的父母中安全型依恋占比的 1/17。

这就说明，如果你的父母的反思能力比较弱，你在代际传递的过程中就很有可能不自觉地变成一个不安全型依恋者。但是这没有关系，你仍然可以提升自己的反思能力，为你的孩子成为安全型依恋者打下基础。

那什么是反思能力呢？例如，你会思考以下问题。

为什么我在这件事中会有情绪？

为什么我每一次都要强迫自己洗手才能安心？

为什么她一说这些话，我就想要对抗她？

为什么我会突然指责他人？

……

无论在任何场合，你都可以观察，只要你因为某件事而产生情绪，你就可以沿着这种情绪展开思考，多问几个"为什么"，不断追问下去，你就能找到根源。这就是反思的能力。

通过对问题进行追根溯源，你可以找到根本答案。

如果伴侣对我大声说话，我就会特别愤怒，为什么？

因为这让我感到不被尊重。

为什么我会有这种感受？

因为小时候我的父母就经常对我大声讲话，一点也不尊重我的感受。

父母这样做的时候，我的感受是什么？

我觉得自己的注意力被对方牵着走，我忘记了自己，还会因为对方的声音大而感到害怕。

所以伴侣对我大声说话时会让我有什么样的
感受？

我仿佛看到了小时候那个被呵斥的小朋友，感觉
很不舒服。

原因往往不是外部的，而是你自身内部的。在不断追问的
过程中，你慢慢卸掉防御，卸掉埋怨，那个真实的、曾经受伤
的内在小孩会浮现出来，然后，你就会发现，**没有人伤害你，
是你心里住了一个没有被疗愈的、受伤的小孩**。

● **焦虑型依恋者转安全型依恋者的方法**

焦虑型依恋者是成长型人格，非常渴望成长，也愿意改
变。通常情况下，焦虑型依恋者的依恋系统一旦被激活，他们
就会陷入受害者模式，对事情进行灾难化的想象和解读。

（1）提升心智化水平

焦虑型依恋者容易在依恋系统被激活的情况下进入心理等
价模式。也就是说，当他们"被抛弃"的恐惧和焦虑被激活
时，不管事实是什么，他们都会认为对方不爱自己了，然后自
然而然地相信自己的感觉是真的。

如果你是一个焦虑型依恋者，在感到生气或被负面情绪包裹时，先按下暂停键，问问自己："我的情绪是源自我内心的担忧，还是客观事实？"

如果你的情绪源自你内心的担忧，请试着放下这份担忧，回忆一下，在过往的经历中，有没有哪些事情是你产生担忧后却发现原来是自己多虑了的。你需要及时识别灾难化想法，分清楚哪些是事实，哪些是灾难化想法。

如表 1-1 所示，你可以填写与情境、思维和情绪有关的认知行为三栏表，什么事件会激发你的情绪？事件发生时你脑海里闪过的想法和画面是什么？每种情绪的强度可以打多少分？对分数最高的情绪，你可以多问问自己："为什么我会有这样的情绪？"当然，如果你有一个长期的心理咨询师，那么他会更快地帮你修正一些困扰你的不合理信念。

表1-1　认知行为三栏表

情境 引起不愉快情绪的具体事件：时间、地点、人物	思维 事件发生时脑海里闪过的想法和画面，并为想法相信程度评分（0~100分）	情绪 写下出现的情绪，并为每种情绪的强度评分（0~100分）

（2）把自己当成自己的孩子

焦虑型依恋者拥有同理心，容易共情他人，但是特别习惯把自己放在关系中的最末位。他们首先想的是满足对方的需求，试图通过满足对方来交换对方对自己的满意度，然后从对方的满意度中确认自己的价值。

第一步，收回对他人的共情。如果你是焦虑型依恋者，就会发现，你对他人有足够的包容心和耐心，但总是苛责自己。

第二步，把自己当成自己的孩子。你要对自己好，你期待父母如何对待你，你就如何对待自己。现在，请拿出一张纸，记下小时候让你失落的瞬间。例如，"我想要玩具，但我不敢跟爸爸妈妈说，我说了他们也不会给我买，他们总会提很多条件。""我希望妈妈早点回家陪我，但是她没有回来。""爸爸总是说话不算话。"

第三步，询问自己希望被如何对待。此时，你可以闭上眼睛，假装回到小时候，问问自己，在当时那些失落的瞬间，那个小小的你希望被如何对待。例如，"爸爸妈妈答应我的次数比拒绝我的次数更多。""妈妈足够敏感，发现了我的期待，哪怕回来得晚也会及时安抚和缓解我的焦虑和不安。""爸爸很重视对我的承诺，只要是答应我的事，他一定会做到。"

第四步，按照自己期待的方式来对待自己。你可以按照自己期待的方式来对待自己，你可以是自己的孩子，也可以是自己的父母。例如，给自己设置一些奖励，自己奖励自己；在焦虑的时候理解自己的感受，安慰自己；努力做到自己承诺的事情，让自己拥有更多力量。

● **回避型依恋者转安全型依恋者的方法**

在三种依恋风格中，回避型依恋者实际上是最没有强烈的改变意愿和改变动力的，他们通常已经习惯了退缩和逃避，这样就不必面对困难了。他们的信念一般是"我躲起来就等于没有问题"。因此，作为回避型依恋者的身边人，你可以让其试着依赖你，以及让自己变得更有安全感。

（1）让回避型依恋者试着依赖你

第一，成为回避型依恋者的榜样。

回避型依恋者并非没有改变的能力，只是缺少改变的动机。如果回避型依恋者喜欢上了一个很有原则的人，对方稳定的边界会带给他们安全感和勇气。当一段关系让回避型依恋者产生足够的安全感时，他们自身就能滋生出一些勇气去应对那些没有处理过的情绪。

一个回避型依恋者想要在行动上改变往往是遇到了他很喜欢且对方不接受他这种冷处理方式的人。这时候，对方的拒绝会激发他内心焦虑的部分，进而让他变得积极和主动。

为了让喜欢的人不离开自己，回避型依恋者才有可能表现得积极和主动，但是通常情况下，让回避型依恋者愿意改变的人要符合情绪稳定和社会功能良好这两个特质。具备这两个特质的人都是回避型依恋者在他们的认知体系下崇尚的强者。而且这样的人也要允许回避型依恋者时不时可以"行为反弹"和"回炉重造"。

也就是说，如果你稳得住情绪，拥有"不要也可以"的底气，你的回避型依恋的伴侣才有可能把你当作一个稳定的榜样，试着去依赖你。

第二，让回避型依恋者自发地改变。

对回避型依恋者，我们要探讨一个词：继发性获益。

继发性获益是指个体在当前处境看起来没有获得什么好

处，却因为这个处境得到了一些间接或隐形的好处。

例如，如果回避型依恋者在需要道歉、改正错误时躲了起来，而对方慢慢开始后悔，降低底线并原谅了他们，那对回避型依恋者来说，自己不解决问题反而解决了目前的问题。也就是说，回避这个行为本身就会让其获得除回避之外的好处，这种现象在心理学上就叫"继发性获益"。

当回避型依恋者使用回避策略没有获得好处时，继发性获益就会消失。例如，如果他回避矛盾，你没有原谅他；他不愿意沟通，你就按照他的意愿顺其自然；他说和你太亲密让他有压力，你就再也没有把注意力放到他身上……一个人之所以可以维持某种行为，是因为这种行为可以给他带来直接或间接的好处。

如果这些直接或间接的好处消失，回避型依恋者就会意识到，躲避不仅解决不了问题，还会让自己失去这段关系。这个时候，他们就会重新思考自己在关系里的行为和你的需求，进而调整自己。

（2）让自己变得更有安全感

让回避型依恋者变得更有安全感还需要一个重要的因素，

即建立一个稳定、有安全感的环境。而情绪稳定、内在有力量、内心更有安全感的人就像一个容器，可以打破让回避型依恋者情绪不耐受的环境，为他们营造一个稳定、有安全感的环境。这种稳定、有安全感的环境会让回避型依恋者先感到放松和安全，然后他们会开始模仿对方。

在关系中寻求双赢

在本章的最后一节，我将带领大家理解并直面自我的核心需求，学习维护长期关系的"三明治沟通法"，解决大家在长期关系中由于沟通问题而产生的困惑。

理解并直面自己的核心需求

以下是你在亲密关系里可以拥有的东西，如果你只能选择一个，会选什么？

A. 陪伴　　　　b. 空间　　　　c. 物质支撑

你的答案是什么？这三个答案分别对应不同的依恋风格者

在关系中的核心需求。需要更多陪伴的是焦虑型依恋者，需要更多空间的是回避型依恋者，而需要更多物质支撑的是安全型依恋者。

很多人会感到吃惊，好像可以理解前两者的选择，但是不太理解安全型依恋者需要更多物质支撑这一点。

下面我再展开讲讲安全型依恋者。从字面上看，安全型依恋者可以被理解为内心相对有安全感的人。

一个内心相对有安全感的人通常是早年被父母相对充分地爱过和尊重过的。**这份爱和尊重会内化到一个人的心里，形成自爱和自尊。这两者就是一个人探索世界的勇气和底气。**安全型依恋者已经不会处于内心很匮乏、很缺爱的状态，他们在人生游戏里缺少的是锻炼。在亲密关系中，他们往往需要一个条件优越，可以和他们一起面对生活风雨的伙伴，这也是一种务实的生活态度。在婚恋中，安全型依恋者会更在意对方的现实情况，不会选择条件太差的伴侣。

我们再反观焦虑型依恋者和回避型依恋者。**焦虑型依恋者特别容易选择物质条件比较差的伴侣。**因为当一个物质条件很好但不能给予他们充分陪伴的人，和一个物质条件比较差但能给他们带来满满的爱和关心的人（哪怕是假的）出现在焦虑型

依恋者面前时，他们通常会选择后者。太缺爱的人都会先找
爱。如果一个人的心没有被喂饱，那么他走到哪里都像是在
流浪，他根本没有余力去关注现实的情况（如婚后的生活质
量等）。

回避型依恋者由于过度僵化的边界，会认为他人的物质条
件再好，也跟自己没有什么关系。他们往往只相信自己，认为
只有自己努力才能改变命运，靠谁都没有用。所以，他们和其
他人（哪怕是伴侣）之间有一道明显的边界线。在他们的心
里，没有"我们"，只有我和你。他们的需求和焦虑型依恋者
恰恰相反，他们需要空间，需要伴侣保持独立，需要双方各自
有独立的意志。

现在，你已经**理解了自己的核心需求**，下一步，**请直面核
心需求**。请试着把心里那个不停地否定自己感受的批判者拿
掉，全然地接纳自己。例如，"我就是需要多一点陪伴，因为
我有时候没有安全感。""我就是想有一点自己的空间，对方靠
得太近会让我觉得不安。"

在生活中，你可以选择一个安全型依恋的朋友或恋人，跟
他们说出你的真实需求。这时，创造积极体验的第一步就开始
了。你会发现，虽然原有的挫败感很难消除，但是**当你可以创**

造出更多新的、美好的互动和体验时，这些互动和体验可以重塑你的依恋风格，甚至可以重塑你的神经。现在，请筛选出那个"安全"的伙伴，跟他一起建立一个安全的关系网，重新出发吧！

学习维护长期关系的"三明治沟通法"

如果你已经判断出对方的依恋风格，理解并能够直面自己的核心需求，还想拥有一段长期的关系，那么一定要学会"三明治沟通法"。

"三明治沟通法"可以被简单总结为下面这个公式。

肯定价值 + 提出需求 + 给予选择权

简单来说，使用"三明治沟通法"就是首先肯定对方的价值，然后提出自己的需求，最后给予对方对沟通的选择权。因为我们大多数人对"被要求"都比较敏感，所以赋予选择权可以降低对方的防御，同时明确需求边界。

例如，如果对方是回避型依恋者，当对方回避你的问题时，你可以表达："你独立解决问题的能力一直让我很欣赏（肯定价值），但我偶尔也需要听到你的想法（提出需求）。如果你现在不想聊，我们可以明天早餐时用 10 分钟时间讨论一下，或者你选择一个更舒服的时间（给予选择权）。"

回顾练习

现在，请尝试用"三明治沟通法"化解一场家庭矛盾，并记录结果。

1.

2.

3.

注：如果你想用更详细的方法获得有关依恋风格的结果和分析，可以关注"果子狸心理"公众号，在公众号的心理测试服务中，选择依恋测试，开启探索之旅。

警示声明

1. 依恋风格分析不可替代临床诊断。

2. 禁止使用本书技术实施情感操控。

3. 案例均已脱敏处理，获得来访者书面授权。

第二章

通过人格看人

人格魅力的重点，不是魅力，

而是人格。

了解人格特质

什么是人格

简单来说，"人格"就是我们持续的性格表达，也是我们最习惯的行为方式和心理过程。它是我们内在的一种持久而稳定的结构。

实际上，一个人的人格特质就等于一个人浓缩的"防御机制"（后文会具体介绍什么是防御机制）的简称。

遇到偏执型人格：不管我说什么、做什么，他都说是我错了，不停地否定、打压我。

遇到自恋型人格：我的伴侣一开始觉得我非常完美，后来却觉得我一无是处。

遇到回避型人格：他遇事特别喜欢退缩，无论是在工作、生活中，还是在感情中，都很难积极主动地推进事情。

这种对一个人做事风格和做事方式的描述，其实就透露出对方惯用的防御机制。

什么是人格障碍

"人格障碍"是指个体在不良环境的影响下形成的几组特定、持续的防御机制和行为模式。这些防御机制和行为模式会给个体自身带来痛苦，也会给周围的人造成影响。

"人格障碍"的概念被普及得很广，这个词也越来越频繁地出现在自媒体平台上。"人格障碍"之所以会引起广泛的讨论，是因为普通人跟人格障碍者一旦步入一段关系，将会面临非常大的挑战。

人格障碍者特定、原始、持续的防御机制会让身边人长期陷入负面情绪。识别人格其实是一个普遍的需求，是很多缺乏社会经验和人生阅历，以及没有心理学基础的普通大众迫在眉睫的需求。本书将带大家深入有人格缺陷的不同个体的生活案例，看懂这些人在生活中的不同表现，帮助大家在关系初期有效地识别高消耗型人格。

高消耗型人格者通常会有一些不太协调的行为模式。想要了解这些行为模式，大家需要先了解一些防御机制。

在本章，我将带领大家了解一些常见的防御机制。大家首先需要打开感受，然后根据对方惯用的防御机制，识别出对方是否有高消耗型人格的倾向。

健全人格者的特质

健全人格者是非常灵动且自由的。

如何理解灵动且自由这几个字呢？大家可以参考这五个字：**可为可不为。**

例如，一个人可以根据不同的场合、环境及他人的不同状态来自由地调整自己，使自己适应变化，这种表现就是相对灵活的防御。

每个人都有防御，但一个人拥有适度且灵活的防御则表示其拥有健全的人格。如果**一个人的内心没有陈旧顽固的症状，**

就不会持久地在某个方面对外界进行防御抵抗，而是拥有相对灵动的行为和自由的气质。

人格特质是一个人独特的思维、情感和行为模式的总和，体现出一个人独特的个性。例如，有的人可能更内向（回避型特质），而有的人可能更外向（表演型特质），适度范围内的特质是正常的，甚至有助于个体适应环境。然而，如果某些特质过度僵化、极端化并严重损害个体的社会功能或人际关系，就可能发展为人格障碍。

需要注意的是，人格障碍的诊断需由专业医生根据相关标准进行，普通人不应随意给自己或他人贴标签。

不健全人格者的特质

不健全人格者会表现出边界僵化或使用原始的防御机制。边界僵化会带来死板、不灵活的回应。

例如，有强迫行为的人表现出明显的边界僵化，有些人进门必须先洗手，如果没有洗手就碰了家里的东西，其内心就会陷入崩溃、愤怒的状态。不管身边人出于什么原因没有先洗手，他们内心都会崩溃，表现出无法体谅和放宽标准，这就是边界僵化的表现。

当他们看到对方没有按照自己的要求做事时，就会觉得焦虑感无法按照格式存放，烦躁感一下子就会溢出来。他们自身无法承受这些负面感受，自然没有办法采取灵活、自由或弹性的回应方式。

例如，你的朋友跟你约好下个月一起去日本旅行，但是你突然接到临时加班的通知且没办法请假，于是告诉朋友这个令人遗憾的消息。他说："好遗憾啊！我们本来可以一起去的，那我就只好一个人去啦！"这通常是边界清晰者的反应。

但是如果这个时候他说："你答应我了就必须去！我们的行程是最先定好的，不可以改变，你跟你的领导说一下，没关系！"这就是边界僵化者的反应。好像这件事定好了就不能再更改了，任何变动都会给当事人的内心带来巨大的冲击。当你改变主意后，你朋友的话语里充满不接纳。

僵化的边界就源自一个人内心原始的防御机制（我会在后文进行详细讲解）。看懂这些防御机制对应的行为表现，你就可以识别出对方的人格倾向，看懂防御机制是学会向外识人的

第一课。

> 关系中的痛苦往往源于我们对自己和他人的误解。

了解防御机制

什么是防御机制

> 为了逃避痛苦，我们会选择对真实视而不见。

防御机制是大脑的"心理防弹衣"，最早由弗洛伊德提出。当真相让你感到威胁时，防御机制会自动启动：有人骂你，你冷笑并表示"我才不在乎"（否认）；失恋后，你拼命工作（情感隔离）……这些反应都是大脑在帮你逃避痛苦，但穿久了这件"心理防弹衣"，你就会忘记真实的伤口在哪里。

不同成长环境的人面对同一件事的反应也是不同的。有人会选择攻击回去，有人会选择无视，有人会矢口否认，有人反而会加倍地对对方好。这里的"攻击""无视""否认""加倍地对对方好"都属于防御，这些防御都能让某个人在某种处境里，回避自己的痛苦。也就是说，我们会在潜意识里避开那些太痛苦或道德上无法接受的想法和感觉。

有心理学家称，防御机制是，为了逃避痛苦，我们对自己撒的谎！

既然防御机制是自己对自己撒的谎，那么开启防御机制的第一步便是自我麻痹，否则我们怎么能骗过聪明的大脑呢？这种自我欺骗就伴随着我们意识层面的不自知。

接下来发生的一切都偏向了无意识。我们使用各种各样的方式和信念合理化自己的掩饰行为，最终使其摆脱大脑的稽查，成功地欺骗了自己。这就导致我们在不自觉地启动防御机制后，周围人能很容易看出我们的不协调行为和表里不一的反应，而我们自己却本能地绕过了恐惧，对此全然不知。

在这种无意识的防御下，如果周围人给予我们提醒，我们就会产生强烈的不安情绪，进而产生愤怒、羞耻的感受，甚至会对周围人发起言语攻击。

例如，当你对伴侣说"你的手机怎么会用防窥屏呢？你是不是除了我，还有其他的暧昧对象"时，也许你只是在表达怀疑，但是你的伴侣可能会像火山爆发一般勃然大怒。事后你可以问问他生气的原因，其实他自己都不知道自己为什么这么生气。当时，他可能会反过来攻击你："为什么你说话总是带刺？为什么你这么没有安全感？我就不能用防窥屏来防同事吗？你对我就这么不信任吗？"

在这个例子里，你的伴侣并没有回答你的问题，而"没有回答"就是无意识的反应，他无意识地选择绕过这个问题。当你事后问他时，他可能还会反驳说："我回答了呀！我没有回答吗？！"这也印证了一个人在防御时的无意识状态是他自己都没有觉察到的。

这种"无意识地防御"与"有意识地欺骗"还有一些区别。"有意识地欺骗"是一个人在完全接纳某件事的情况下刻意隐瞒他人，而"无意识地防御"是一个人本身对某件事就是不能接纳的，所以他首先要说服自己，这个时候，他就会开启防御机制，因为防御机制就是避免痛苦的方式。

如果一个人正处在防御中又经历了新的挑战，他就会无意识地进入另一种防御。就像对于上述例子中的问题，合理的回答是经过思考后就事论事地说"有"或"没有"，因为没有恐惧的驱使，人就不会产生愤怒的情绪。而如果一个人被提问后为掩藏羞耻感而勃然大怒，那么这个问题的背后一定有他自己不能面对的恐惧，所以他会无意识地避开回答，进入无意识的防御状态。

提问者对这一切一目了然，而防御者本人是不自知的。这也说明了当防御机制开启，防御者出现不协调的反应时，他人是很容易识别出来的。防御者在不自知的情况下，还会错误地把这份愤怒归咎于提问者。

有一定生活经验或人生阅历的人会把这种反应总结为**气急败坏或恼羞成怒**。

由防御机制所产生的无意识回避行为会让我们对自己说谎，也会让我们无意识地对他人撒谎，哪怕他人对这种情况一目了然。

很多人都有过这样的经历：对于朋友矢口否认的事情，我们会在心里默默翻一个白眼。因为我们能隐隐感受到有些事情可能是朋友的痛处，如果真相被揭穿，很有可能让朋友心里不舒服，也让双方产生矛盾。所以，我们最终会选择对朋友掩饰的事情视而不见，闭口不提。

例如，一位男士观看一位女士很久后，仍然没有主动上前要联系方式，你问他："你喜欢她呀？"

他说："不喜欢啊！你想多了！"

这个时候，如果你想知道他说的话是真话还是假话，只需要问问他的朋友。跟他长期相处过的朋友最能识别他的口是心非。如果他的朋友表示"他就是好面子，不敢去要联系方式"，这个回答大概率就是这位男士内心真实的想法。

这位男士下意识撒了谎，实际情况是他不能承受告白失败所带来的羞愧感，于是在无意识里说服了自己——"我根本不喜欢她"。可是他关注对方的眼神和对感受的强烈否认又形成了鲜明的对比，虽然他在自己强有力的防御下，看不到自己的不协调反应，但旁人会看得很明白。

所以，要想判断人格倾向，我们可以从观察防御机制开始。一个人的防御机制通常会体现出他内在的某种恐惧。

如果某种恐惧情绪（如恐惧黑暗、恐惧孤单等）超出了一个人能承受的范围，他就会不自觉地欺骗自己的大脑，用一些防御机制让这种不受欢迎的情绪消失。

对自己说谎的本质也是在逃避痛苦，如果你把痛苦一五一十地展现给逃避者，那么他很有可能把你视作痛苦的根源，不想再面对你。

人格是一系列防御机制的组合表达。每个人都会找到自己的办法去表达一些无意识的情绪和想法，而这些无意识的表达组合在一起就形成了一个人的人格。

所以，要想了解一个人的人格，最简单的方法就是看他在防御什么，他的防御速度及防御方式。

我会在后文介绍几种不同的高消耗型人格，以及对应人格者惯用的防御机制。我想提醒大家一点，在进行人格判断（包括健全人格和不健全人格）前请给自己一段足够的时间去细细甄别。因为哪怕是心理咨询师也没办法根据当下的个别反应对一个人的人格做出准确的判断，大家需要通过一段较长的时间去识别一个人的平均状态，因为当下的某个反应不能代表一个人的人格倾向，只能代表这个人当下的某种情绪状态。

要判断人格倾向，我们就要拉长时间，一个人在平均状态下使用的防御机制才是其惯用的防御机制，而这些惯用的防御机制才能体现出其人格特质。

在看懂自己和对方的防御机制后，我们就会拥有选择的权利。选择适合自己的朋友、伴侣等会给我们带来好的关系体验，而好的关系体验会让我们得到滋养，我们会因为这段关系而感到心安和自信，进而相信自己可以越来越好。而人们越相信什么，就越容易实现什么。

防御机制的分类

防御机制也分为初级防御机制和次级防御机制，初级防御机制就是原始防御机制。但并不是一个人的防御机制越高级，他的人格水平就越高。人格水平高的人也会使用原始防御机制，不同的是，他们可以更加灵活地进行防御。

在这一小节，我会列举一些常见的防御机制，并进行解释。如果大家感觉理解起来有一定的难度，可以先跳到下一节，阅读识别高消耗型人格的具体案例，从案例出发，打开感受，再调转回来阅读，这样更容易理解。

初级防御机制：极端退缩，否认，全能控制，理想化和贬低（包括极端理想化和贬低），投射，内摄，投射性认同，分裂，躯体化，见诸行动，性欲化，解离（包括极端解离）。

次级防御机制：压抑，退行，情感隔离，理智化，合理化，间隔化，抵消，攻击自身，置换，反向形成，认同，升华，幽默。

上述防御机制是大家平时经常使用的。每个人都需要防御，每个人也都有自己偏爱的防御机制。一个人倾向于使用什么防御机制取决于其性格、早年经历、对于父母的模仿，以及使用防御机制后得到的反馈。

初级防御机制

极端退缩：成年人的极端退缩常见于社会和人际关系，用沉溺于内心的幻想来替代与他人交往时的压力。

例如，女孩每天睡前会幻想自己在上万人面前自信演讲的画面，想象中的自己非常松弛，很有力量。但是在现实工作中，她面对同事连基本的沟通都需要鼓足勇气。

否认：否认是指个体拒绝承认负性体验。

例如，一个人在面临灭顶之灾时，会本能地表现得不接受、不承认，还会说"不可能的事"。

全能控制：全能控制是指个体感觉自己可以对周围的世界进行全面掌控的心理状态，拥有这种心态的人会认为这个世界能被他们完全掌控，一旦他们感觉对世界失去控制，就会进入暴怒的状态。

例如，婴儿会觉得："我能控制这个世界，我哭了就有人来哄我，我闹了，世界就会鸡飞狗跳，世界因我的变化而变化，世界是被我掌控的。"

理想化和贬低：理想化是指将他人想象成一个完美的人来垫高或承托自己的自尊，贬低是指借由打压和否定他人的价值来保护自己的自尊心不受损伤。理想化和贬低是自恋型人格者惯用的防御机制，一旦这种防御变得极端，就会出现病理性的极端理想化和贬低。

极端理想化和贬低：极端理想化是指对对方抱有极度理想化的幻想，极度意味着这种幻想脱离了现实，变成了一种绝对化的想象（例如，"你是我的'救世主'"）。而一旦这种幻想破灭，人们就会进入全盘否定、脱离现实的极端贬低中（例如，

"你是一个彻头彻尾的人渣，一无是处"）。极端理想化和贬低也是边缘型人格者惯用的防御机制。

例如，有些人在爱一个人的时候觉得对方哪里都好，特别完美，而当他们不再喜欢对方的时候却觉得对方连呼吸都是错的。其实对方本身没有变，只是这些人一开始理想化了对方，当幻想破灭时，他们便采取了贬低的防御机制。

投射和内摄：它们是一体两面，投射向外，内摄向内。

投射是指一个人将自身内在的情感、价值观、生命体验等不自觉地投射到外界的过程，大家也可以简单地理解为"以己度人"。约百分之七十的人在亲密关系中会使用投射，将自身的不安全感转移到伴侣身上。例如，明明是男朋友冷落了你，他却反过来指责你不够关心他。我会在第三章展开讲解投射，它是我们了解自己和他人的重要基础。

内摄是指一个人将外部的价值观、情感或他人的特征无意识地吸收并内化为自己一部分的过程。通过内摄，人们可以对重要的他人形成原始认同。例如，小婴儿能惟妙惟肖地仿效养育者的态度、情感和行为，这就是一种内摄的表现，这在生物学上也可以用镜像神经元来解释。

投射性认同：投射性认同是指个体把自己的期待、欲望、想法都转移到对方身上，并在他人的认同中获得自我肯定的过程。

例如，粉丝会把自己心中的完美形象和想象投射到某位明星身上，然后购买这位明星的周边产品，并在明星的成功中获得满足和自我肯定。

分裂：个体在发展出统一性之前，很难容忍他人的矛盾性，因为矛盾性意味着对同一个人的对立感受。使用分裂防御机制的人会用扭曲事实来掩盖真相。

例如，当你在感情中受了伤，你会给对方扣上"人渣"的帽子，这就是不自觉地用分裂来进行防御。你把自己放在绝对好的、受害者的位置上，把对方放在绝对差的、辜负者或背叛者的位置上。实际上，双方一定都有优点和缺点，但是这样的分裂会让你暂时减轻焦虑，维护尊严。你也可以把分裂理解成一种非黑即白的思维模式。

躯体化：躯体化是指个体将心理或情绪上的痛苦无意识地转化为躯体症状的过程。也就是说，当我们的痛苦无法定期、及时地获得疏泄，就会通过躯体进行表达。

例如，当无意识里的冲突无法获得表达时，会以头疼的方式呈现出来。

见诸行动：见诸行动是指个体将无意识的欲望通过直接的行为表达出来，避免自身内在的感觉被察觉。

例如，一个人感到难受时必须通过某种行动（如拉黑、删除、动手）来防御内心不好的感受。这种人会时刻依赖见诸行动来处理心理问题，你也可以将其理解成"冲动型的人"。

性欲化：性欲化是一种个体将不愉快的情绪或情感表达为性行为或性幻想的防御机制，通常以见诸行动的方式出现。人们可能会在无意识中将恐惧、痛苦或其他难以承受的感受随时转换为性兴奋，这个过程被称为"性欲化"。

例如，一名女性在和一名男性的感情发展得还不够深入的时候，因为耐受不住这种不够亲近的焦虑，就可能采取性欲化的防御机制。

解离：解离是指个体在面对创伤或压力时可能会感到与自己的思想、感觉、记忆或身份分离。解离是所有人都会使用的防御机制，只不过大家使用的程度有所不同。当面对超出承受范围的重大灾难，以及难以忍受的疼痛或恐惧时，人们可能都会用解离来应对。

极端解离：极端解离是解离的更为严重或复杂的表现形式。例如，一个人在面对极端压力、创伤或不可接受的情境时，意识和感觉之间出现分离或断裂，他意识不到自己在做什么、身边正在发生什么，甚至听不到周围的声音，这样就不用承受周围环境的压力和刺激了。采取极端解离进行防御的人会有一种"意识、感知、记忆或身份被临时抽离出身体"的感觉，精神恍惚，表情麻木。

次级防御机制

压抑：压抑是指个体将难以承受的想法、记忆、情感或冲动无意识地压抑到潜意识中，以避免痛苦的过程。本能的冲动和情感会渴求释放，但是同时会被某种力量抑制。压抑其实也是一种回避，人们通过压抑可以从意识层面回避烦恼。百分之七十的人在面对压力时会使用压抑作为主要防御机制，但长期压抑会引发焦虑和抑郁。

如果心里的感受或外界的刺激让人感到烦恼，就会被压抑进潜意识。例如，如果父母一直用你不喜欢的方式对待你，你就会把这种不好的感受压抑下去，你在意识层面觉察不到这种感受，是因为它已经进入了你的潜意识。

退行：退行是指一个人在面对压力、焦虑或无法应对的挑战时无意识地退回到心理发展的早期阶段。

例如，一个成年人因为失业，回家后突然躺在地上大哭大闹，这就是退行到婴儿状态的表现。

情感隔离：情感隔离是指个体将情绪从认知中剥离。面对让自己产生强烈情绪反应的人、事、物，有些人会置若罔闻，用情感隔离进行防御。通过隔离情绪，他们变得十分理性。约百分之三十的回避型依恋者会使用情感隔离，导致关系中的情感疏离。

例如，回避型依恋者经常回避情感，表现出情感方面的淡漠，这不是因为他们没有情感，而是因为他们常年都使用情感隔离的防御机制。这跟他们童年被养育的方式息息相关，当原生家庭的成员经常性地忽视和不接纳孩子的情绪时，为保护自己，孩子就会发展出一种情感隔离的防御机制。

理智化：理智化是指个体面对一件让人产生一些情绪或情感的事情时用理智加以隔离。他自己说服自己，让自己产生理智化的想法，避免体验到情绪或情感。

例如，一个人失恋后会理性地和朋友探讨并分析失恋的原因，通过理性的解释来隔离失恋引发的负面情绪。

合理化：合理化是指个体通过一些理由或解释，让一些不太合理、没办法被一下子接受的事情变得合情合理。聪明且富有创造力的人能够得心应手地运用合理化。

例如，节食者将"虚荣"合理化为"有益健康"。

间隔化：间隔化是一种理性的防御机制，其过程有点类似解离的过程，其功能是允许两种不同的情感同时存在而不让人在意识层面感到不适。

例如，一个人秉持着两种完全对立的观点，就是一种间隔化的表现。有些人表面上是慈善家，私底下却是诈骗分子。

抵消：抵消是指个体用一种象征性的语言、仪式或行为来抵消已经发生的不愉快事情，以保持心理平衡。抵消是一种比分裂更高级的防御机制。

例如，一位男士昨晚和女朋友吵架了，第二天会送礼物给女朋友来抵消内心的愧疚和不安，不过他在意识层面并不认为这是对女朋友的补偿，这种抵消是发生在潜意识层面的防御。

攻击自身：攻击自身是指某人把本应对外的负面情感转移到自己身上，进行自我攻击。

例如，父母非常严厉，孩子就会把这种严厉的形象内化于心，产生"都是我的错，都怪我无能"的想法，这就是自我攻击。

置换：置换是一种广为人知的防御机制，指个体将某种强烈的情绪、冲动或情感从一个对象身上无意识地转移到另一个对象身上。

例如，父亲骂了母亲，母亲很生气，于是把孩子打了一顿；丈夫出轨，丈夫应该是第一责任人，妻子却猛烈地攻击第三者。

反向形成：反向形成是指一个人把不被自己接受的无意识中的欲望和冲动转化为意识中的相反行为。

例如，一个人明明很在意对方，却否认这份在意，表现得似乎完全不在意对方，或者一个人把恨意表达为爱意。又如，我们羞于承受自己需要被鼓励，就会反过来去鼓励他人，以此证明自己不需要被鼓励。这些行为在心理学上被称为"反向形成"。

认同：认同是指个体为了回避内心的冲突和焦虑，试图与他人或群体保持一致，接受其观念、价值观和行为方式，以降低焦虑和增强自尊。

例如，如果我不认同妈妈的话，就有可能遭受惩罚，所以我通过认同妈妈的话来回避恐惧和未知的惩罚。

升华：升华是一种高级的防御机制，是指个体将负面情绪或冲动转化为积极的行为或情感。

例如，一个人在事业方面通过升华的防御机制创造出杰出的成绩。

幽默：幽默是指个体在面对困境或苦难时用幽默的方式来应对。幽默是一种积极的防御机制，可以帮助人们抵御残酷的现实，让人们更加轻松地应对困境。

通常情况下，一个人会使用不同的防御机制来保护自我，大家可以观察一个人在生活中最常使用的连续的几组防御机制，以此判断这个人的人格倾向。

下面我会介绍几种高消耗型人格，请大家带着感受去觉察。通过了解这些高消耗型人格，大家可以审视身边的关系中是否有人存在异常行为和极端反应。

识别高消耗型人格

爱是看清对方人格后的清醒选择。

本节将介绍八种高消耗型人格，这些高消耗型人格都属于人格障碍的范畴。请注意，人格特质具有光谱性，本书案例仅为典型表现，实际诊断需由专业医生完成。

反社会型人格

反社会型人格者是社会中的一小撮人，如果这类人进入亲密关系，会给身边的人带来沉重的打击。如果你发现身边有反社会型人格者，一定要转身离开。

这类人带给他人的最直观感受就是冲动且冷酷无情，他们甚至会因为他人的痛苦而感到快乐。他们一般情况下都在童年被残暴地对待过。

- **反社会型人格者的特质**

①因为他人的痛苦而感到快乐，有虐待动物的倾向

反社会型人格者的无情可以表现在他们毫无愧疚地虐待他人或小动物方面，并且会因为他人的痛苦而感到快乐。

冲动的性格和冷漠的性情让这类人的危险系数最高，反社会型人格者通常缺乏依恋对象，他们的世界是一元的，只有他们自己，他们做的一切事情都是为了让自己快乐。

②牺牲全世界来成全自己的"巨婴"

如果自恋型人格者是过度关注自己的"巨婴"，反社会型人格者就是牺牲全世界来成全自己的"巨婴"。

反社会型人格者在面对利益时，会表现出超乎常人的冷静状态，他们通常能精准抓住他人的情绪漏洞，操控他人，让他人慢慢进入自己的圈套，按照自己的要求做事。部分高功能的反社会型人格者还非常有魅力，他们可能会活跃在不同的圈层，看起来光鲜亮丽，实则手段极端、独断专行、冷酷无情。

③道德感低下、手段残暴、践踏规则、善于伪装

反社会型人格者在追逐名利的过程中可以做到无所不用其极，常常践踏规则。由于道德感低下，这类人在精英阶层的竞争中可能是有力的竞争者。他们善于伪装，缺乏真情实感，善于玩弄人心，手段残暴。通常情况下，与忠诚善良的人相比，他们在竞争中更容易脱颖而出。

反社会型人格的案例：王暖暖（化名）被丈夫推下悬崖

近年来，被报道出的最典型的反社会型人格者就是王暖暖在泰国创业期间认识的俞某。

起初，王暖暖在泰国把生意做得风生水起，也算半个"人生赢家"。但是缺少家庭和婚姻的温暖一直是她心里的遗憾，后来，王暖暖在一次朋友聚会上认识了她后来的丈夫俞某。两个人认识初期，对方表现得彬彬有礼，边界感清晰，这让王暖暖很快放下了戒备心。

王暖暖周围的朋友对他的评价也很高，就是在这样的情况下，两个人在一起了。之后，俞某每天只做一件事——跟她求婚。他把王暖暖前三年的朋友圈都

研究了一遍，他说的每一句台词都是为她精心设计的。在这样"理想化爱情"的轰炸下，他的"真挚表白"终于打动了王暖暖，王暖暖答应了他的求婚，两个人迅速结婚了。

结婚后，俞某好像变了一个人，他不再做饭，也不再关心王暖暖，每天都躺在床上打游戏，连眼皮都不抬一下。在一次争吵中，俞某哭着说出自己欠了100万元赌债的实情，王暖暖通过分期帮他还清了欠款。在还款的过程中，他似乎改变了不少，也开始参与公司的部分管理工作，王暖暖本来以为这是一个新的开始。

不久后，在一个风和日丽的早上，他第二次从公司的账上划走了500万元，随后人间蒸发。这一次王暖暖选择了报警，7天后，她得到的消息是对方把500万元全部赌输了，警方同时带回了他曾经多次入狱的案底。他回家后，便开始哭着跪地求饶，当时的王暖暖认为夫妻同心，其利断金，最终还是选择了原谅他。

随着日子渐渐好起来，王暖暖怀孕了，眼看着就要迎来一家三口的幸福生活。俞某提议去爬山，并提前购买了人生意外保险。在山顶处，他不是在眺望，而是在反复向下勘测，在一个山崖处，他把怀有身孕的王暖暖一把推下山崖。他对王暖暖说的最后一句话是：你去死吧。根据王暖暖的回忆，当时对方语气坚定，行动果断，没有一丝犹豫。

● 反社会型人格者惯用的防御机制

结合王暖暖的案例，下面我分解一下反社会型人格者惯用的防御机制：**全能控制**，**投射性认同**，**解离**，**见诸行动**。

我在前文讲过，全能控制是指个体感觉自己可以对周围的世界进行全面掌控的心理状态。据我观察，案例中的俞某就是因为觉得自己有能力控制一切局面，所以才做出这般违反法律、泯灭人性的事。

同时，俞某明确地把自己的想法理所应当地转移给妻子，并认为妻子一定会认同他的想法，这体现的是投射性认同的防御机制。他把内心对外部世界的主观看法当作客观事实，认为妻子一定会原谅他并帮助他还清欠款，也会无条件地理解和支持他。

另外，反社会型人格者会接近持续的解离状态，前文提到过，解离是指个体在面对创伤和压力时，可能会感到与自己的思想、感觉、记忆或身份分离。俞某在杀妻案中，为了利益近乎冷血地组织和谋划行动（见诸行动），并在推人时呈现出麻木抽离、不带一丝感情的状态（解离状态）。

● **识别反社会型人格**

反社会型人格者在生活中非常精于设计和算计，一开始会用一个"完美人设"出场，但是后期，你会有明显的被操控感。如果你察觉到自己的付出和回报并不对等，或者有一种被软性利用的感受，最好先不要否认这种感受，多问"为什么"——我为什么会有这样的感受？

对于反社会型人格者而言，其他人都是他们用来展现自我的舞台，他们还会使用调虎离山计，去掩盖残暴变态的想法。

如果一个人在初期表现得完美无缺，这本身就是一个值得警惕的巨大信号。一方面，对方有可能是在理想化自己；另一方面，对方可能是另有目的的骗子或反社会型人格者。不论他前期表现得多么友好，一旦他表现出冷血、无情、残忍、操控、利用、虐待动物等特征，这就是一个危险信号，你一定要留意。

还有一类人属于精神病态，他们有现实检验能力，具备一定的认知，也有共情能力，可以很好地与他人沟通，也可以为了利益，压抑内心强烈的破坏冲动。与一般的反社会型人格者相比，他们更具迷惑性。

你也可以这样理解，当你身边出现一个令你痴迷和崇拜、近乎完美的人时，先别急着投入感情，而是需要在心里打一个问号。你要知道，世界上不存在完美的人。这个人的完美形象可能源于你的理想化想象，或者他自己正在表演，对你另有企图。

自恋型人格

自恋型人格者像优雅的吸血鬼，吸血前会为你斟一杯红酒。

在现实中，自恋型人格相对比较容易被识别出来。自恋型人格者表面上极其认可自我，有自己的一套思维逻辑，相信自己是绝对正确的，但实际上，他们需要不断从外部获得认可来维持自尊。

自恋型人格者大多动力强劲，所以在社会精英群体中出现的比例相对较高。他们在人群中的占比也比反社会型人格者的要高很多，如果这类人进入亲密关系，同样会给身边的人带来巨大的精神损耗。

自恋型人格者像情感黑洞——他们吞噬他人的关注、赞美和能量，却永远无法被填满。自恋型人格者特别容易跟对方进入共生绞杀的关系，因为他们需要通过关系寻找自恋补给，维护夸大的自我形象，而关系中的对方则会被他们消耗到身心俱疲，甚至产生自我怀疑。

● **自恋型人格者的特质**

①以自我为中心，物化他人

如果自恋型人格者对你说"你是我的唯一"，他们实际上是在物化你。自恋型人格者会高度以自我为中心，他们会很自然地把身边的人全部当作供自己使用的工具，并且用得心安理得、毫不愧疚，甚至觉得能被他们利用是身边人的荣幸。

②全能自恋的"巨婴"，内心羞耻

物化他人的根源是自恋型人格者对自己的过度关注，他们像全能自恋的"巨婴"，时刻考虑自己的利益和感受，并不在意他人的感受、想法和需求。

自恋型人格者会表现出过度的委屈和愤怒，从表面上看，这些过度的情绪源于他们自身承受了巨大的不公，实际上，这些过度的情绪是他们把自己的苦难无限放大后的产物。放大苦难后，他们内心就会出现一个剧烈夸大、需要被过度关注的婴儿。

自恋型人格者靠近你，是在寻找更"完美"的自己，当你露出真实的"缺点"时，他们就会暴怒，通过贬低你来防御心中涌起的羞耻感。

③自尊心脆弱，又追求完美

自恋型人格者的自尊心比较脆弱，却又追求完美，这中间巨大的鸿沟让他们需要通过他人的绝对服从和反复的自恋补给来维持内心的稳定。自恋型人格者与他人的关系通常是共生绞杀式的，他们会通过统一一方意志的方式来剥削对方。

④追求绝对的赞美和服从

自恋型人格者的大脑正在"着火"——前额叶皮层与杏仁核的"战争"。根据相关脑成像研究，当自恋型人格者遭受批评时，其大脑会呈以下状态：

- 杏仁核（情绪中枢）活跃度飙升，相当于正常人面临死亡威胁时的反应；
- 前额叶皮层（理性中枢）出现反常抑制，这也解释了为何他们无法理性地面对否定。

这种神经特质造就了自恋型人格者的"认知暴政"：你必须赞美我，否则就是在羞辱我；你必须服从我，否则就是在背叛我。

他们就像被困在《盗梦空间》的梦境里，用幻想篡改现实，直到所有关系都变成权力的角斗场。

⑤擅长经营多角关系

自恋型人格者看起来优秀且矜持，实际上却非常擅长经营多角关系，善于欲擒故纵、指东打西，精于利用和操控。

他们可能因为早年的种种原因，很早就把人性关进暗箱，用虚假华丽的壳子跟世界周旋，用"赢"来洗刷心中的羞耻感。但是无论自恋型人格者说出多么美好的话语，你都会有一种恍惚的感觉，你也无法轻易从他经营的多角关系中剥离出来。

自恋型人格的案例：他爱的不是对方，而是那个在关系中显得光芒万丈的自己

　　第一次见面时，李强带着小红站在自己公司的顶楼，指着灯火辉煌的商务区说："你真完美，这些将来都是我们的。"后来小红才知道，这是自恋型人格者经典的"领地标记"行为。

　　来访者小红在咨询中揭开伤疤，详细地描述了这个创业公司的总裁如何用三个月的时间，对她进行了一场如梦境般的情感操控。

　　小红是一名网红，凭借姣好的长相在互联网上拥有一众粉丝，也算小有名气。在一次朋友聚会上，她认识了比大她8岁的李强，李强是一名创业者，有一些资产，衣着打扮十分不俗。

　　爱情第一阶段：爱的轰炸期

　　李强对小红网络上的形象十分倾心，开始疯狂地

约她见面。见面的第一天，李强完成"领地标记"后在咖啡厅拉着她的手说："咱们结婚吧，去领证。我有一套房子空着，我把它装修成你喜欢的风格。"小红觉得非常幸福，好像遇到了"真命天子"，但是考虑到两个人刚刚相识，就答应了恋爱。自此之后，不管是去公司，还是去应酬，李强每天都把小红带在身边，还经常对她说："你看，这是我为我们两个人创造的商业世界，这些人都是我们的员工，你可以安排他们做事情。"

有时候，李强应酬到很晚，他会主动提出给小红的母亲打视频电话解释情况，让长辈安心。这让小红感到前所未有的幸福和安心。

他甚至翻遍了小红的朋友圈，心疼小红没有遇到他以前吃过的所有苦，就连小红发的阴天照片，李强也解读为"她是在暗示需要他的拯救"。李强还把公司的系统密码设置成小红的生日，他跟小红说："我要让所有人都知道你是我的女神。"

爱情第二阶段：爱的贬低期

后来，李强慢慢忙了起来，两个人见面的次数慢慢减少，装修房子的计划也搁置了。有一次，两个人一起出门时，小红抱怨了一句，李强说："希望你能理解我，我只有不断地努力，才能遇到像你这样配得上我的人。"这句话听起来奇怪，但似乎也是一句夸奖，小红也就没再追问。

再后来，小红开始患得患失，有的时候会故作撒娇地询问李强的时间安排，抱怨他都没有时间陪伴自己。可是李强表现得越来越不耐烦，表示自己真的很忙。有一次，小红生气地问："你选择我是因为我是一名网红吗？"李强说："网红这个身份是一个敲门砖，是你被我看上的基础。"

爱情第三阶段：爱的抛弃期

小红被他理所当然的态度再一次打败了，她隐约觉得两个人好像已经回不到最初的美好了，但是又不敢相信美好的一切已经消失。所以，即使李强多次在不经意间说出让她觉得非常受伤的话，即使她经常产生自我怀疑，她统统选择将其合理化，只为维持这个"美好的爱情童话"。

不久后，李强在小红询问他的行踪后选择了冷暴力，并简单告知她："我可能太忙了，没有时间陪伴你，你也不太理解我，我们先做朋友，未来再看缘分。"

爱情第四阶段：爱的回吸期

这让小红陷入了严重的自我怀疑，但是较高的自尊水平还是让她没有选择挽留李强，忍痛接受了这个结果。但是几个月后的一天，她收到了一条久违的微信信息，李强说："对不起，我错了，我放不下你，我这么努力工作都是为了你，房子快装修好了，我不想把你弄丢，我们和好吧。"

小红既生气，又高兴，两个人便和好了。但是小红慢慢发现，李强不止有她一个女朋友。被揭穿后，李强暴怒地说："你为什么要看我的手机？我对你太失望了。"

● **自恋型人格者惯用的防御机制**

自恋型人格者惯用的防御机制：**理想化，贬低，理智化**。

案例中的主人公李强就属于典型的自恋型人格。最开始，自恋型人格者会把你想象成这个世界上和他们最般配的伴侣，他们甚至骗过了自己，这样想是为了借由一个完美的你来填补他们受损的夸大自尊，成就完美的自己。

自恋型人格者心里的念头通常如下：如果你是最好的，还愿意跟我在一起，那说明我一定是最好的。这种念头源自理想化的防御机制，他们不仅会理想化他人，还会理想化自己，通过确认自己的依恋对象是全能全知的来让自己感到安全，避免恐惧。而当你开始暴露缺点和需求时，自恋型人格者就会感到威胁，因为这意味着他们自己的价值受到了质疑，他们会启动贬低的防御机制，通过否定你来恢复自己的优越感。

同时，案例中的李强永远很理智地作为关系中的主导者。自恋型人格者不会感情用事，所做的一切都是为了变得更好、更强，所有不够好的人和事都会被他们的理智切割。

● **识别自恋型人格**

如果你观察一下自恋型人格者，就会发现他们最常使用的字是"最"——追求最好的一切。在选择伴侣方面，他们看人的眼光带着极强的评判性和功利性，他们会让自己相信，自己配得上最好的一切。他们不停地追求完美，是为了防御内心深处的羞耻感。

自恋型人格者在内心坚信自己是不够好的，他们的内心非常脆弱，有一个虚假、夸大的自体在支撑着完美的表象。他们通常也是难以靠近的，因为一旦有人靠近，他们完美形象背后真实而破碎的一面就会展现出来。就像在案例中，李强总是很忙，永远给人一种无法靠近的感觉，小红只能窥见他华丽生活的一角。

自恋型人格者不允许那个不够好的自己以"真面目"示人，所以在跟自恋型人格者交往时，从初识到交往渐深，你对他的评价通常是这样的：完美的人→追求卓越感的人→无法靠近的人→会利用人的人→有第三者的人→不真实的人。

如果有人很明显地使用理想化和贬低的防御机制，并且以自我为中心，有强烈的自我优越感，容易把他人当作彰显自己优越性的工具，同时在婚恋关系中好像一直有隐秘的第三者，那么这个人很有可能是自恋型人格者。

跟自恋型人格者恋爱的感受：我要更努力地"卷"自己，才有资格留在关系里。

自恋型人格者会将伴侣物化，把伴侣当作维持自己自尊平衡的工具。这段关系是充满利用的，就像一个"成功者"需要一个"失败者"来衬托。也就是说，外人觉得这个人特别好，觉得你们的关系十分和谐，但是你的感受是，必须努力维持自己的价值，不然就会被抛弃。

偏执型人格

偏执型人格者多疑、固执、自命不凡、狂妄自大，习惯把内在的感受投射成外部的威胁。

偏执型人格者通常对周围的环境充满敌意，常基于自身的主观想法来回应他人的否定。过度记仇的特点导致偏执型人格者在生活中会无差别地"创飞"所有人，就连总是在关系中获益的自恋型人格者遇到偏执型人格者时也常常甘拜下风。

● **偏执型人格者的特质**

①用"绝对正确"武装自卑

偏执型人格者的强烈自卑感表现在他们会跟全世界对立，他们会通过不断战胜他人来获得安全感。

偏执型人格者的话语通常都带有强烈的否定意味，他们喜欢使用反问语句，时刻对他人的言论进行高度的质疑和否定。他们就像互联网中的"杠精"和"键盘侠"，攻击性极强，毫无缘由地出言不逊就只是为了"杠赢"他人。

一方面，偏执型人格者眼中的世界是二元对立的，只能有一种声音存在，所以他们很容易因为拒绝新信息而故步自封。另一方面，执着也是成功者必备的品质，如果偏执型人格者在事业上认定一个方向并坚持不懈，那么多年的努力会助力其事业发展。我们可以看到，一些力排众议取得成功的优秀创业者身上多少有点偏执的影子。

②让关系中的对方觉得压抑和憋屈

偏执型人格者所持的不惜一切代价捍卫自己的态度会让他们很难与他人持久相处。高自尊的人群一旦靠近他们，就会感到极端不适，能跟偏执型人格者稳定相处的通常都是低自尊的人群。

我们可以看到，在一些家庭中，如果父母比较偏执，那么孩子被长期、不断地指责和否定后，特别容易变成低自尊或非常暴躁的人。

偏执型人格的案例：你的爱让我窒息

在交往初期，内向、不敢表达的王芳觉得李雷对待很多事情都有自己的见解，对他心生崇拜。

随着交往的深入，王芳发现，无论自己说什么，李雷都会提出不同的观点来进行否定和反驳，还会摆出一副高高在上的姿态。例如，王芳说："你是不是今天下班早了？"李雷会说："你为什么会这么觉得？你怀疑我很闲吗？"王芳回答："没有，我只是看到你下班比平时早。"李雷会说："你以为我不知道你在惦记什么，盘算什么吗？"类似的对话经常让王芳一头雾水。

李雷心里有一个正确的自己和一个错误的他人，他会用一种自己全能全知的方式来否定所有人，从而防御自己的无能和无知。

相处的时间越长，王芳越觉得李雷自私且自恋，他总是说一些没有道理的话，目空一切。王芳觉得跟他相处时自己不断被否定，可是当被否定变成常态时，生活便成为黑暗里的深渊。

最关键的是，王芳从来没有和李雷沟通成功过，只要她提出自己的疑问，李雷就会跟她"死磕到底"，从各种角度证明自己的正确和明智，以及王芳的不可理喻和浅薄。在和李雷的相处中，王芳好像只有一种模式：不断地示弱、认错。她觉得自己的独立意志好像都被摧毁了，她不能自由地表达自己的想法，一切都要顺着对方的意志，活成了一个"提线木偶"。

没过多久，王芳得了抑郁症，每天都感觉生活很灰暗、很压抑，人也暗淡了下来，最终，她决定跟李雷分手。

● 偏执型人格者惯用的防御机制

偏执型人格者惯用的防御机制：**否认，妄想投射**。

偏执型人格者拒绝承认一切负面体验的存在，用"我根本不承认"来否认事情真的发生过。"只要我否认了你的感受和事实，我就可以不必承认在某些层面上已经知道的事实。"

偏执型人格者会死死盯住对方，因为害怕对方发现自己的漏洞，所以把注意力从防御转向攻击，不停地否定他人，把被质疑的恐惧甩出去，让他人来承受。所以李雷会说："你为什么会这么觉得？你怀疑我很闲吗？""你以为我不知道你在惦记什么，盘算什么吗？"

投射的本质就是摆脱那些让我们觉得很糟糕的东西，我们会本能地把内心不能或不愿承受的欲望、冲动和想法转移到外部，这就是投射的过程。而妄想投射是把自己的思想、情感或动机错误地归因于外部世界。例如，一个人因为自己不相信外人，所以认为外人都想来害自己。因为自己对外界有很强的敌意，所以把外界的一切沟通都视为挑衅。妄想投射就像被害妄想症，网络上有一句流行语叫"总有刁民想害朕"，说的大概就是偏执型人格者面对世界的感受。

当感到自己没有拥有绝对的主导权时，偏执型人格者的内心就会涌出极大的恐惧。这类人非常好斗，就像案例中的李雷总会跟王芳"死磕到底"，因为只有彻底赢了对方，他才会觉得安全。

● **识别偏执型人格**

偏执型人格者会表现出对自我的完全不接纳，他们极度自卑，惧怕他人看到真实的自己，惧怕他人抛弃自己，所以会把这份无助的感受投射出去。

"如果有错误，那一定是他人的。" 偏执型人格者在生活中会更少关注自己，习惯把焦点转移到身边的人身上，通过不断攻击身边的人，让自己站在关系的制高点，所以跟偏执型人格者相处是一件严重损耗精神的事。

同时，偏执型人格者身上通常伴随着"被害妄想"，他们认为每个人都可能害自己，他人说的话都是阴谋。你经常感觉和这类人无法沟通。他们会不停地揣测"你对他们的恶意"，你会不断地被否定，如果你没有及时识别和离开这类人，就会慢慢产生自我怀疑：我是不是真的有问题？我是不是真的很糟糕？如果在一段关系中，对方常常让你产生这样的想法，那么对方很可能是偏执型人格者。

"跟偏执型人格者相处的感受：挫败无力。"

在初识偏执型人格者时，你会觉得他们十分标新立异，一副颇有主见的样子，但是过不了多久，你就会发现他们的另一面。在跟这样的人相处时，你不能有独立意志，只能温顺地做一个没有脾气的人。而长期被否定会让你产生强烈的抵触感、愤怒感和挫败感。一旦有这样强烈的感受，你很有可能正在和一个偏执型人格者相处。

边缘型人格

边缘型人格者非常依赖他人、无法独立，他们经常感到空虚，害怕被抛弃，情绪大开大合，自我认同的缺失导致他们情绪极度不稳定。

- **边缘型人格者的特质**

①情绪像过山车一样起伏不定

边缘型人格者心里都有一个被抛弃的自己，哪怕什么事都没有发生，他们也经常会因为对方的回应而产生被抛弃的感觉，这种"被抛弃"的感觉通常会变成他们情绪极度不稳定的根源，所以边缘型人格者的身边人会用"一半天使，一半魔鬼"来评价他们。

②极度依赖身边人，害怕被抛弃

当边缘型人格者说"你是我的唯一"时，他们其实正在寻求救命稻草。边缘型人格者的不安全感，让他们经常沉浸在空虚且悲伤的感受里，这种感受促使他们需要通过他人的回应来建立跟自己的联结，通过他人对自己的认同来认同自己。因此，他们极度依赖身边人，害怕被抛弃。

③常用见诸行动的防御机制：拉黑或删除对方

边缘型人格者会习惯性地拉黑或删除对方，这跟他们情绪极度不稳定紧密相关。情绪激烈时，他们就会产生"被抛弃"的强烈恐惧，为了切断这份不能承受的恐惧，他们常用见诸行动的防御机制，通过立刻拉黑或删除对方，象征性地切断一切与现实有关的联结来进行自我保护。

边缘型人格的案例：大开大合的爱，激烈但不能持久

共生绞杀

安迪和麦相识的时候，麦表现出高浓度的情感投入和浪漫特质，安迪被她深深吸引，觉得自己孤独的生活一下子被点亮了。在交往初期，麦全心全意的陪伴让安迪非常感动，两个人经常促膝长谈到天明，麦要求他在身上文上两人名字的缩写，她说："这样你开会的时候都会想起我。"安迪开心地照做了，那个时候，两个人都认为对方是自己的"灵魂伴侣"。

情感张力极强

然而，随着关系的深入，麦的情绪逐渐变得起伏不定。第一次矛盾发生在安迪某次加班后，他提前告诉麦自己要晚一点回来，但是回来之后，他面对的居然是哭泣的麦。麦不能理解安迪为什么不能为了她推掉会议，怀疑他是不是已经不爱自己了。这让安迪很吃惊，他没有想到看起来这么自信的麦原来有这么小女孩的一面，这一刻，他内心充满了无助。

极度害怕被抛弃

在了解了麦的童年经历后，安迪才发现麦非常缺爱，很害怕被抛弃。他心疼她，并答应她以后尽量早点回家。但是他慢慢发现，麦把全部注意力都放在他的身上——小到回复消息的速度、同事的简讯内容，大到工作安排、家庭计划，她都要过问。她甚至在他的电脑里安装 24 小时监控软件，并把他给女同事发笑脸表情的行为解读为想出轨。

安迪发现，通常一点小事就会引起麦产生很深的怀疑，而且这种怀疑越来越强烈，她会在大发雷霆中把两个人的情绪都点燃。有一次，安迪因为麦总是在他加班时等他的事情抱怨了麦，不一会儿就收到了麦发来的图片和配文：如果我现在跳下去，你会记住我最美的样子吗？安迪被吓到了，赶紧请假回家安抚麦。安迪发现麦经常会因为他的微小疏忽而感到被抛弃，产生愤怒情绪，甚至威胁他要伤害自己。

这种像过山车一样的剧烈情绪起伏让安迪感到害怕，他更让着麦，害怕她有过激的举动，但是他越让着麦，麦越怀疑安迪背着她做了不好的事情，安迪感到越来越压抑。如果他不解释，麦就会歇斯底里地发狂，因此他每次都不得不牺牲自己的需求、压下自己的心情来安抚麦，却经常陷入试图安抚她和不知如何安抚她的境地。时间长了，他感觉很疲惫。

测试型自伤

安迪觉得自己的生活慢慢被麦限制得喘不过来气了。但是麦似乎捕捉到了他的想法，在一次激烈的争吵后，她吞下半瓶安眠药，不过精准计算剂量——足够送医洗胃，却不足以致命。在救护车上，麦笑着拍摄抖音视频，并配文：宝宝们，这就是爱情的样子。

这一次，安迪真的被麦吓到了，想去安慰麦，但是麦居然删除了他的微信，再也没回来。其实麦感受到双方最初的热恋浓度变低的时候，就"无缝衔接"了另一位男士，当她删除安迪后，就快速和那位男士开启了新的一场恋爱。

● **边缘型人格者惯用的防御机制**

边缘型人格者惯用的防御机制：**极端理想化和贬低，投射，见诸行动，性欲化。**

边缘型人格者最害怕的就是被抛弃，所以他们会想象出一个完美的、能让他们依恋的对象，采用极端理想化和贬低的防御机制，把依恋对象想象成全能全知的完美对象来减少内心的恐惧。但极端理想化的对方并非对方真实的样貌，两者碰撞，就会导致期待破碎，边缘型人格者就会转而进入对对方的极端贬低中。

边缘型人格者容易将自身不能接受的冲动、欲望和想法投射到对方身上。例如，麦非常没有安全感，害怕不被爱，就会把这份害怕投射到安迪身上，经常认为安迪不爱自己了。

边缘型人格者还非常容易使用见诸行动的防御机制，如通过删除、拉黑或离家出走等行动来发泄心中对被抛弃的恐惧。

边缘型人格者会在潜意识里把恐惧、痛苦或其他难以承受的感受转换为性兴奋，用极端的方式来"感觉活着"。例如，麦内心不被爱的恐惧让她在和安迪恋爱期间"无缝衔接"另一位男士，通过强烈的刺激来防御内心的空虚感和被抛弃感。

● **识别边缘型人格**

边缘型人格者在生活中会把依恋对象投射成"完美妈妈"的形象，因此很容易感到极度失望。他们缺乏整合的自我，经常会出现情绪大起大落的情况，也经常会感到很空虚、很悲伤。因为不知道自己是谁，所以他们会不停地借由跟他人的联结来确认自己的存在。

在与边缘型人格者交往时，一开始你会有一种相见恨晚的感觉，然后会进入某种激烈的情感中。边缘型人格者在感情里的张力很大，你不知道为什么他们总有流不完的泪，你们总有吵不完的架，你会感到对方很敏感、很缺爱，然后你的压力越来越大，行事越来越小心翼翼。

边缘型人格者习惯用"极致浓烈"掩饰空洞，就像偏执型人格者用"绝对正确"武装自卑。须知，所有过度，皆因匮乏。

在激烈的争吵中，边缘型人格者容易控制不住情绪，有自伤的可能，所以你就像被绑架一样，越来越压抑和束缚自己，需要牺牲自己的个人感受去成全对方。如果你在和对方相处的过程中有以上感受，对方很有可能就是边缘型人格者。

强迫型人格

强迫型人格者总被认为是固执己见的完美主义者。强迫型人格者通常性格刻板固执，做事条理分明，有一套自己的行动模式。他们对他人也有一定的要求，如果对方不能在他们设定的框架内行动，他们就会有一种无法忍受的受折磨的感觉。

● **强迫型人格者的特质**

①过度追求完美，一旦不能百分之百确认某些事，内心就会很痛苦

强迫型人格者总是过度关注细节，会反复检查和斟酌细节，不允许犯错，任何混乱因素都能彻底打乱他们心里的安全感。他们必须百分之百确认事情没有出错的可能，内心才会感到舒适一点。

不过，强迫型人格者的舒适感只是暂时的，他们内心始终保持高度敏感和紧绷的状态，防御因不完美和错误而滋生的内疚感，哪怕这仅有万分之一的可能性。因为他们会不断**反复确认外部秩序来维系内心秩序**，所以也经常陷入强迫性的穷思竭虑，难以自拔。

②条理极度分明，希望自己和对方都能按照约定的方式推进事情

强迫型人格者对条理的追求近乎极致，他们擅长对获取的信息进行二次加工，凭借理性思维，赋予每条信息清晰的条理和规律，以便更好地抵御内在的焦虑感。强迫型人格者通常有自己的一套行事标准，也会对随意做事的人产生愤怒或抵触情绪，这一系列行为都源自他们对焦虑情绪的防御。

他们也会要求身边的人按照他们的标准来行事。与之相处的人往往会因这种僵化、不够灵活的思维模式和行为模式而感到压抑和不自在。

③道德感极强，经常过度包揽他人的事

强迫型人格者的道德感极强。我曾有一位强迫型人格的来访者，她有一次在街上目睹一位老人遭遇事故，便主动上前关心询问，当老人提及"车辆正在维修，自己这段时间无法正常出行"时，她当场承诺，老人若有出行需求，可以随时联系她。

老人看她如此热情，当真每天打电话请她接送自己，她不得不暂时放下家中的琐事，尽心尽力地接送老人。一周后，她

忍不住找我咨询："为什么那位老人真的打电话给我呢？"我问："你为什么要承诺他呢？"她答："因为他是一位遭遇车祸的老人，看着实在可怜。我觉得有责任帮他一把。"

从这件事可以看出，尽管她在帮助老人的过程中内心痛苦不堪，也始终无法拒绝对方，根源就在于她那强烈到近乎执拗的道德感。这种特质使强迫型人格者常常不由自主地大包大揽许多本不属于他们责任范围内的事情，最终让自己陷入身心俱疲的困境。

强迫型人格的案例："道德模范"式的伴侣

在和赵一风结婚前，珍妮一度觉得对方是完美的伴侣，因为对方答应她的事情全都会做到，平时也会接送珍妮，表现得既客气又礼貌。

在一年的相处中，珍妮觉得这个男人情绪稳定、为人可靠、让她很有安全感，二人因此顺利结婚。在双方布置好婚房，开启共同生活后，珍妮却逐渐对赵一风的一些行为感到困惑。

赵一风在很多生活小事上会有重复行为，出门时必须反复确认门有没有锁好，还总要仔细检查煤气有没有泄露。最让珍妮难以理解的是，赵一风每做完一件事，都必须洗一遍手才能安心，而且他还要求珍妮也必须这样做。

珍妮虽口头应允，可偶尔难免会遗忘。一旦珍妮忘记按要求行事，赵一风便会陷入极度焦虑的状态，甚至大发雷霆。不过，事后他又会为自己的过激反应感到愧疚。即便如此，赵一风依旧执着地反复提醒珍妮洗手。

赵一风还要求珍妮每日必须严格按照他精心安排好的计划行事。他自己更是如此，只有将计划内的所有事情都圆满完成，才能稍稍松一口气。

时间一久，珍妮感觉这样的生活枯燥乏味，毫无新鲜感，自己仿佛被禁锢在一个个既定的小格子里，过得小心翼翼。

赵一风常常简单地用"对和错"的标准来评判事情。他堪称"模范丈夫"，坚决不打破自己定下的规矩。一旦珍妮未按照他的计划做事，他的情绪便会瞬间爆发，珍妮在这段婚姻中愈发感到压抑与疲惫。

- **强迫型人格者惯用的防御机制**

强迫型人格者惯用的防御机制：**情感隔离，抵消，反向形成**。

强迫型人格者倾向于将问题完全理性化，将情绪从认知中剥离开，把各类状况归入自己设定的"框架"中，然后逐个拆解和解决。在这个过程里，他们会下意识地做出补偿性举动，用以抵消因强迫行为而产生的攻击性。例如，当他们反复强迫对方遵循自己的逻辑行事后，可能会给对方赠送小礼物，试图以此平衡关系。

我接触过的一些强迫型人格的来访者在每次咨询前都会认真梳理想要提问的问题，将其精心整理并打印出来，对准备工作的缜密程度有着极高的要求。这是因为他们对混乱和无序感到极度焦虑，因为无法接受这种焦虑，所以呈现出过度的有序行为。

在咨询过程中，强迫型人格者还会向咨询师提出特定要求："在回答我的问题时，请先明确指出我说的是对还是错，再展开论述。"他们难以接纳事物存在灰色地带，多采用二元对立的思维模式。在他们心中，唯有一个清晰明确、标准规范且百分之百准确的答案才能让他们认可与接受。

● **识别强迫型人格**

　　强迫型人格者内心深处极度渴望一切都能尽善尽美、万无一失，这种强烈的心理需求使他们常常表现出过度控制的行为。他们坚信，唯有让所有事情都严格按照自己精心规划的路径发展，才能获得内心的安稳。焦虑的极致就是强迫。正因为他们对潜在的不确定因素充满焦虑，所以才迫切需要将每一件令自己担忧的事情都精准地安置在自认为安全可靠的"框架"内来获取心灵的慰藉。他们不遗余力地将每一件事都做到极致，期待所有结果都能如自己所设想的那样，完全处于自己的掌控之中。

　　在与强迫型人格者相处的过程中，人们往往会对他们严谨、务实的行事风格留下深刻印象。他们总是竭尽全力避免犯错，仿佛是现实生活中的"模范生"，带给人可靠、值得信赖的感觉。然而，这种对细节近乎吹毛求疵的态度也不可避免地会给身边的人带来无形的压力。

　　其实，强迫型人格者是比较容易被识别出来的。他们通常有一套极为严格且自成体系的标准，对每一个细节都有近乎苛刻的要求。一旦现实情况无法达到他们心中的标准，他们就会陷入痛苦和焦虑之中。如果你身边的人频繁有类似的表现，很有可能就是其强迫思维在悄然作祟。

表演型人格

在表演型人格者中，女性占比较高，但男性也不罕见。多数表演型人格属于神经症型人格，不过症状的轻重程度有极大差别。表演型人格者常常通过浮夸的言行举止来吸引他人的目光，热衷于给自己贴上各类高端、引人注目的标签。一旦被忽视，他们便极易陷入焦虑与沮丧的情绪中。这类人情绪波动较大，在任何情境下，都将获取他人关注当作首要目标。这种心理动机或许源于他们在童年时期曾被严重忽视过。就连弗洛伊德本人，也曾认为自己像表演型人格者。当这类人的依恋风格为安全型依恋时，其行为虽带有表演性质，但内在精神世界相对较为完整。可如果他们的依恋风格属于回避型依恋或焦虑型依恋，其内心便会充斥着无助，会下意识地向周围人寻求关怀与照料。

为了满足自身对关注的强烈需求，表演型人格者能够迅速切换角色，仿佛可以化身为所有能够吸引他人目光的形象。他们总是不自觉地将自己置于众人瞩目的焦点位置，与其说他们渴望深沉而真挚的爱，倒不如说他们需要的是源源不断的关注。

● **表演型人格者的特质**

①极度敏感，喜欢社交

表演型人格者是比较好接触的，他们通常热情、友好，在与人相处的过程中会尽力展现自身魅力来赢得他人的喜欢和认同。

②用夸张的方式表达自己

表演型人格者会不自觉地夸夸其谈，这是他们潜意识里期待得到关注的外显表达。不过这种表达也会因为脱离实际、缺乏内在逻辑的连贯性而给人一种刻意为之、十分做作的感觉。

表演型人格的案例：孤单的夜晚，最闪耀的浪漫邂逅

廖费第一次遇见西西是在酒吧里，当时两个人都独自坐在角落里喝酒，抬头的瞬间，目光点亮了彼此的孤单，两个人不自觉地走向对方。

廖费跟西西很自然地攀谈起来，气氛很轻松，两个人像认识了很久的老朋友，当天晚上，他们自然而然地发生了亲密关系。西西感觉廖费既熟悉又体贴，好像和她相识已久。晚上，他会抱着她，在她半夜惊醒时说："西西，我爱你，不要再离开我，我们在一起吧。"

西西觉得很意外，也很感动，难道这就是缘分？那天开始，他们就像其他情侣一样开始恋爱，廖费每天会打很多电话给西西，告诉她自己在干什么，把每一个细节都说得很具体，他好像认为这是一种会让女性无比感动的好男人行为。

他非常投入和享受这个过程，也认为西西一定会满意。但是这给西西带来了很大的困扰，她没有查岗的念头，也不想时时刻刻都知道恋人在干什么，所以她告诉廖费去忙自己的事就好。

于是他们产生了矛盾，廖费经常用自己认为好的方式向西西大肆地表达爱，甚至在深夜也希望西西不要挂断电话，他会每天在电话里不停地说"我爱你"。

西西慢慢地感觉到，廖费不是在爱他人，而是在表演爱他人。他的行为只是在进行自我感动。

西西向廖费提出自己需要个人空间，不希望两个人不分彼此，也不喜欢连体婴儿的感觉。廖费却表示自己很完美，已经做得非常好了，他直言是西西不正常，还怀疑西西是不是有了其他恋人，在脚踏两只船。

沟通无果后，西西结束了这段恋情。她觉得自己始终看不懂廖费的爱，他看似很深情，实际却沉浸在自我幻想和自我感动中。西西表示，这段感情看似很美好，却带着几分不切实际之感。她好像是跟一个未曾真正了解过她的人谈了一场对方自我感觉很好的恋爱。

● **表演型人格者惯用的防御机制**

表演型人格者惯用的防御机制：**压抑**，**性欲化**，**退行**，**解离**。

表演型人格者常常会不由自主地忘却那些令人不悦的事情。他们之所以总是用夸张或热情的方式表达自己的想法，是因为潜意识里在竭力掩饰自己的自卑情绪及其他负面情感。在日常生活中，他们会在毫无察觉的情况下深深地压抑自己的怀疑或其他不良情绪，以至于连他们自己都意识不到这些负面情绪的存在。

当表演型人格者压抑了大量负面情绪后，内心便会产生巨大的张力。在潜意识的作用下，他们会将这些被压抑的情绪随时转化为性兴奋，这一特殊的心理过程被称为性欲化。而且，一旦他们感到不安全或处于压力情境中，就会出现孩子气的举动。本质上，这是因为他们使用了退行的防御机制，仿佛退回到童年时期，通过如哭闹、撒娇等原始且幼稚的方式来寻求他人的关怀与照顾。

通常情况下，表演型人格者的内心充斥着大量的焦虑、内疚及羞耻感。正因如此，一旦他们与他人产生情感上的纠葛，就会采用解离这种防御机制来应对。他们通常表现出心不在焉、漫不经心的状态，试图以此来抵御可能遭受的情感伤害。

● 识别表演型人格

在日常生活中，表演型人格是一种比较容易被识别出来的人格。这类人往往在情绪表达和语言表述上显得尤为夸张，会给他人一种极为热情的感觉。他们善于巧妙且得体地隐藏内心深处对能力不足的无力感，然而，这种刻意的表现或多或少会让他人觉得不够真实。

在与表演型人格者相处时，人们常常会发现，他们的言行举止总是缺乏一致性。这种现象通常是因为他们深深压抑了真实的自我。而那些被压抑的自我如同潜藏在水面下的暗流，影响着他们外在表现的一致性，使其行为和言语有时显得突兀和难以捉摸。

回避型人格

回避型人格是一种在工作和生活中全面呈现退缩状态的人格。回避型人格者在工作、生活及社会功能方面都会呈现出回避的状态。

● **回避型人格者的特质**

①缺乏自信，没有面对生活的勇气

回避型人格者经常沉溺在幻想的世界中，这也是其社会化功能较弱的表现。一个人的社会化功能越弱，越容易沉溺在想象中，难以走入相对复杂多元的现实世界。

②述情障碍

回避型人格者大多有明显的述情障碍，他们难以理解和表达自己的情感，基本上无法识别自己的情绪，更无法识别他人的情绪。通常情况下，他们一张口就是带着情绪的，并且习惯性地抱怨和指责周围的人和事。这样的人通常也很难和他人产生情感共鸣，具有非常强的对抗性。

③极端退缩

回避型人格者在幼年或童年时期就开始出现害羞、孤独的特质，害怕见陌生人，害怕到陌生的环境。不论是在社交中，还是在感情中，他们都呈现出极端退缩的状态。在社交中，他们害怕出丑，害怕惹人笑话；在感情中，他们回避对方的情感诉求，习惯冷漠地对待对方。

回避型人格的案例：我的爱情就像一个人在一座孤岛观望

王立明与庭芳相识于一场聚会。彼时，王立明表现得极为安静、内敛，言行举止间尽显矜持与礼貌。在热闹的聚会氛围中，他总是默默倾听，唯有他人主动向他搭话时，他才会礼貌地回应两句。他的这种模样深深地触动了庭芳的心弦。在庭芳眼中，王立明很有分寸感，而且整个人散发着一种情绪稳定的魅力。

聚会落幕，庭芳心中对王立明充满好奇与好感，主动向他索要了联系方式。回到家后，庭芳怀着忐忑的心情，率先给王立明发送了问候信息。出乎她意料的是，王立明很快便回复了。一来二去，两个人借助线上交流渐渐熟络起来。他们通过文字畅所欲言，对许多事物的看法不谋而合，默契十足。虽说交流的节奏并不快，进展显得有些缓慢，但这反倒让庭芳心生欢喜。在她看来，王立明这种不紧不慢、稳重矜持的态度，恰恰符合她心中对理想好男人的所有想象。

两个人见面后，庭芳表达了自己对他的喜欢，王立明有点腼腆和含糊，但是庭芳能看出来他也是喜欢自己的，就主动大胆地拉起了王立明的手，开启了他们的恋爱。

两个人相处一段时间后，庭芳发现，王立明从来都不说情话，也不表达自己的感受，永远表现得淡淡的，对她的撒娇也没有回应。如果庭芳的情绪激烈，王立明就会下意识地找理由离开，这让庭芳慢慢感觉自己没有被爱着。

有一次，庭芳发了脾气，希望王立明说出对自己的感受，回应自己，不再像一块石头一样冷冰冰的。

王立明没说话，庭芳再次感到被冷落了，一气之下提出分手，结束了这段感情。

● 回避型人格者惯用的防御机制

回避型人格者惯用的防御机制：**情感隔离，理智化，极端退缩**。

回避型人格者会用理智的态度面对一切，不同于回避型依恋者只是在亲密关系中表现出回避情绪和感受，他们会在生活、工作的方方面面尽量把自己跟情感隔离开，进行理性权衡后再做决定。所以他们通常不是感情用事的人，可以做到言出必行。

在关系中，回避型人格者一旦发现外部环境有风吹草动，就宁可退回到自己幻想的世界中，也不愿意承担现实中情绪的负累。

回避型人格者在小时候没有得到过情感支持，对于外界是不抱希望的。因为他们长期在没有情感流动的环境中成长，习惯了隔离情感，也习惯了理性思考，所以他们不会允许自己有强烈的情绪，既不习惯，也不耐受外界的强烈情绪。

- **识别回避型人格**

> 回避型人格者通常不信任世界，
> 认为人的本质是一座孤岛。

在与回避型人格者相处时，你会明显觉得对方被一层无形的保护罩笼罩着。你们之间似乎始终隔着一层若有若无的屏障，无论你如何努力靠近，都难以真正走入他们的内心世界，对方总会给你一种拒人于千里之外的感觉。

由于缺乏自信，回避型人格者的社会功能在一定程度上会发生退化。他们对自己的能力和价值持怀疑态度，内心深处充满了自我否定和自卑的情绪。这使他们不愿意主动与他人发展出更深的友谊，在面对社交机会时，他们也更倾向于退缩，想要躲进自己构筑的"壳子"里，以此来逃避可能遭受的批评与拒绝，寻求内心短暂的安宁。

跟回避型人格者相处的感受：回避型人格者在关系中稍微往前迈进一步，就会感到悲观和恐惧。他们承受不了激烈的情绪，也承受不了矛盾和冲突，缺乏解决问题的能力。如果你发现一个人在关系中一直都在退缩且没有原因地拒绝推进关系，那么他很有可能是回避型人格者。

回避型人格不同于回避型依恋，前者是人格障碍，表现为社会功能的全面退缩。而回避型依恋者通常社会功能正常，甚至在工作方面小有成就，他们只有在亲密关系中才会陷入无所适从的状态。

依赖型人格

在依赖型人格者中，女性偏多。依赖型人格者往往具有低自尊、害怕被抛弃和顺从他人的特点。**依赖型人格者的心声：我想把自己放进你的口袋里。**

● **依赖型人格者的特质**

①缺乏独立性，过度依赖他人

依赖型人格者的依赖特质体现在生活的方方面面，他们内心深处极度渴望建立一种能让自己感到安全的共生关系。如果一段关系中有一个行事果断、习惯在诸多事务中"说一不二"的人，就会让他们生出一种强烈的安全感。

过度依赖他人会让他们越来越不独立，而他们越依赖他人，就越会失去独立性，越失去独立性，就越会依赖他人。在这种恶性循环中，依赖型人格者非常容易与他人建立一段依赖共生的关系。

②自我认知和自我评价过低

依赖型人格者无法独立、习惯在他人身上获取安全感，这种行为模式会让他们无意识地不断在心中加强"他人更加优秀"的观念，从而导致自我认知和自我评价过低。

③回避责任，过度容忍他人

"把他人的期待当作自己的动力"是依赖型人格者的宗旨。他们害怕承担错误的责任，在关系中，他们非常愿意出让主动权去配合他人，哪怕知道对方是错的。

这种行为模式本质上是主体性严重缺失的体现。依赖型人格者会不自觉地把自己放在客体位置，习惯用他人的眼光来审视自己。在亲密关系中，他们的过度容忍也很容易把伴侣惯坏。

依赖型人格的案例：高开低走的爱情

黄百丽自从和捷克确定关系后，日子就仿佛浸在了蜜罐中。周围的人看见她都会忍不住感叹："你脸上洋溢的幸福感简直快要溢出来了。"她向来如此，每开启一段恋爱，那份幸福就如同春日暖阳，根本掩藏不住。捷克也常打趣她，说她心思单纯，特别小鸟依人。

一开始，她经常和捷克聊她以前受过的那些伤，遇到的那些错的人，两个人聊到激动的时候还会落下热泪，觉得相见恨晚。捷克经常表示，黄百丽以前受苦了，他要和她一起好好过以后的日子。

日子一天天过去，黄百丽一点都没变，每天回家一门心思等着捷克下班，给捷克做好吃的饭菜，吃完饭后跟捷克谈心，聊自己对他的思念。

慢慢地，捷克似乎变了，工作忙碌了起来，回家吃饭时也喜欢发呆，吃完饭偶尔会去书房抽一根烟。在黄百丽表达思念时，捷克会转移话题。他觉得黄百丽好像一直很依赖自己，每天都在等自己，这让他感到有压力，越来越想找空间独处。

有一天，捷克的工作不顺利，情绪不好的他不想再负担另一个人的依赖，便对黄百丽说："你能不能去交一些朋友？你不要每天只围着我转，我真的压力很大。我感觉你的世界里只有我，这让我喘不过来气。"

黄百丽马上答应了下来，但是捷克丝毫不觉得轻松，而是感觉更加压抑。黄百丽的言听计从和毫无自我甚至让捷克有些厌烦。

● **依赖型人格者惯用的防御机制**

依赖型人格者惯用的防御机制：否认，压抑。

依赖型人格者会否认矛盾和冲突，为了让关系保持和谐，他们会无限顺从对方，表现出愿意改变的意愿，并且否认关系中的不愉快经历。同时，依赖型人格者会忽略所有的不愉快经历，压抑那些有可能影响感情的情绪。

● **识别依赖型人格**

依赖型人格者最缺少的就是主心骨，因为他们没有自我，所以必须依附他人才会稍微有些安心。依赖型人格者的匹配客体通常是权力型的人，一个人特别喜欢在关系里做主，另一个人特别喜欢在关系里听对方的话，这样就完美地形成了依附共生的关系。

跟依赖型人格者相处的感受：一开始你会从对方眼中看到自己的伟岸形象，但是时间一长，就会感到巨大的压力和负担。同时，对方舍弃自我、无限迁就你的行为也会让你慢慢觉得烦闷和内疚。

高消耗型关系自查清单

你不需要看懂所有人，但是要看清谁在消耗你。

下面列举了关系中的一些"消耗信号"，以及不同情况下的应对方式。大家可以结合自身情况进行自查。

1. 对方总用"如果你爱我，就应该……"的句式——焦虑型操控

反问："你的要求是出于爱还是出于控制？"

2. 对方对你的痛苦冷嘲热讽——自恋型贬低

平静回应："你的评价不代表我的价值。"

3. 对方经常卖惨、博取同情却从不改变——边缘型情感勒索

设定底线："我可以支持你，但你要对自己负责。"

4. 对方对你的隐私过度追问——偏执型控制

微笑拒绝："我需要私人空间。"

5. 对方习惯性撒谎且毫无愧疚——反社会型欺骗

记录证据，必要时果断离开。

6. 对方在公众场合故意让你难堪——自恋型打压

当众反问："你这样说是想表达什么？"

7. 对方总是贬低你的家人和朋友——孤立型操控

坚定表态："你可以不喜欢我的家人和朋友，但请尊重他们。"

8. 对方用自杀威胁你妥协——边缘型极端行为

报警或联系其家人，绝不妥协。

9. 对方对你的成就阴阳怪气——嫉妒型否定

直接点破："你的态度让我感到被否定。"

10. 对方拒绝任何长期计划（如见家长）——回避型承诺恐惧

设定期限："如果三个月内我们的关系没有进展，我会重新考虑这段关系。"

如果你发现某段关系出现三个及以上"消耗信号"，为了及时有效地应对并改善现状，请立即阅读第五章——从"防坑"到"掌握主动权"。

了解自己的防御机制（练习）

前文提及的不健康人格者会使用特定的防御机制，而这些防御机制最终会让与之相处的人深感不适。前文讲解的识别方法具有普适性，在使用这些方法识别他人之前，我强烈建议大家对照前文列举的防御机制，将自己平时惯用的勾选出来。通过这种方式，大家可以深入认识自己。

请回忆自己在生活中经常使用的防御机制，把它们写下来，并按照使用频率依次排序，观察这些高频的防御机制构成了怎样的性格和行事风格。

1. _____

2. _____

3. _____

4. _____

5. _____

实际上，人格的水平由深到浅可以分为：精神病性水平、边缘性水平和神经症水平。通常情况下，如果我们说一个人是"神经症水平的某种人格"，就属于心理学中的夸奖了。这种评价说明此人内心相对稳定，使用的也是较为灵活、相对成熟的防御机制。通过识别不同人格者的特质，了解主要的防御机制，我们能更好地了解自己。大部分人最擅长"以己度人"，所以连自己都看不懂、读不懂的人，基本上也很难看懂、读懂他人。

接下来，我要着重讲解防御机制里的"投射"，投射非常重要，因为它能帮我们清晰、准确且全方位地洞察一个人的性格特点、思维模式、行为动机乃至内心潜藏的情感与欲望。

第三章

通过投射看人

一个人狠狠攻击你的点，
可能是他自己最大的痛点。

了解投射

投射是指一个人将自身内在的情感、价值观、生命体验等不自觉转移到外部的过程。可以说，每一个人对外部世界的评价都投射了一部分他自己。

你可以简单地将其理解为：他人怎么对你，其实反映的是他的内心，跟你本身并没有多大的关系。

法国哲学家萨特说过一句话：**他人眼中的你不是你，你眼中的你也不是你，你眼中的他人才是你。**

结合萨特的话，我们可以知道，**一个人在评价世界万物的过程中，万物不一定是他所描述的模样，但是他的描述却反向地反映出了他自己的内心。**这也等同于三毛说的那句话：你对

我的百般注解，并不构成万分之一的我，却是一览无余的你自己。

我举个例子，在下面这幅图里，大家看到了什么？

有人可能会说："这是苹果！"

从客观上说，这是一个平面的圆圈，还带着一个把。

但为什么我们一眼就认出了这是苹果？明明从客观上说，它就是一个平面的圆圈。为什么我们能马上认定图里的东西是苹果呢？

答案：因为当我们见过、吃过、接触过它，我们看到的不仅是一幅图，还有我们对这幅图的认知。

通过这幅图，我们调取和检索的是自己脑海中所有跟这幅图中的物品有关的信息，如它的气味、触感、味道，我们曾经吃它的体验和感受，以及与它有关的经历。这些信息是我们过去对它的经验总结。

过往的经验总结在不知不觉间内化到我们心里，变成我们的记忆和经验，并被我们储藏进了大脑。随着认知和经历越来越丰富，我们对它的理解和解读也会越来越丰富，对它的周边信息的了解也会越来越多，然后在主观上形成对它的丰富的感受。当看到上面的图片时，我们会把这种丰富的感受投射出去，建立对于这幅图的认知。

例如，一个 5 岁的孩子看到这幅图时可能会说"好甜"；一个 15 岁的学生看到这幅图时可能会说"这是苹果，我妈妈每天早上都会吃"；一个 45 岁的成年人看到这幅图时可能会说"苹果有益健康，可以降低胆固醇，有助于美容养颜，其中的矿物质和钾元素可以调节心脏系统，我女儿很喜欢吃"。

因为经历不同，所以不同的人对这幅图就会有不同的认知和体验。当这些认知和体验逐步累积，苹果的形象就潜移默化地在人们心里生根发芽，每个人对它都有独特的印象和评价。

在未来的日子里，苹果可能不会经常出现，但是当我们闭上眼睛，闻到它的气味时就会识别出它，听到有人提及对健康有益的水果时也会想到它。这种识别和联想就是通过内化到我们心中的体验再向外投射得来的。

这个例子解释了什么是我们主观经验下的投射。既然一个人对万事万物的表达都包含了自己的主观投射，那我们就可以反向推理出"投影源"本身。现在我们就来学习如何把客观部分剔除，通过主观投射精准识人。

人际交往中的投射

在人际交往中，我们每时每刻都在投射。**这份投射里包含了我们走过的路、见过的人、认同的事及不能和解的痛。**如果我们可以深入理解这种防御机制，就可以通过观察一个人的投射来充分了解他的内在世界。

一般来说，我们可以把投射分成两种：一种是"以己度人"；另一种是"心理甩锅"。

以己度人

"以己度人"就是一个人按照自己的想法来衡量和揣度他

人。从心理学的视角来看，"以己度人"就是"我"把自己的经历和经验运用到客观事物上，从而完成对事物的评价的过程。

在相同投射和情感投射中，"以己度人"的现象尤为显著。

● **相同投射**

相同投射是指我们把自己内心的想法不自觉地放到他人身上。

相同投射可以充分反映出一个人心里对事物的感受和价值观。例如，你的父母总觉得你穿得少；过年回家时，无论你胖了多少斤，你奶奶总觉得你太瘦；你的父母对你说他们当年因为没有好好读书，所以吃了很多苦，让你一定要好好读书，将来才能出人头地。

● **情感投射**

情感投射是指我们把自身的情感放到他人身上，按照自己潜意识中的情感去理解和影响他人。

例如，在亲密关系中，有些人哪怕和对方的感情很好，也总是没有安全感，总担心对方不爱自己了。这是因为他们在潜意识层面不相信自己会被爱，所以下意识地把自己对自己的感受投射到了对方身上，常常怀疑对方不爱自己了。

再如，如果你觉得自己是一个很差劲的人，时常觉得自卑，那么无论你跟谁在一起，都会迅速地发现对方是一个"不好"的人。这是因为你不接纳自己的部分越多，向外投射的挑剔就越多，所以你就总觉得对方"很糟糕、很差劲"。

但是你不知道的是，你所有否定对方的评价里都包含一部分你自己的特质或观念。有句老话：那些总说他人不好的人，其实是自己不好。这句话也反映了心理学中的投射效应。

从本质上说，对方身上被认定的"不好"一部分是客观事实，还有一部分源于你的主观投射。这就像你喜欢一个人的时候，会觉得对方哪里都好，但是讨厌一个人的时候，会觉得对方连呼吸都是错的。

当然，情感投射也有积极的一面，积极的情感投射可以创造出良好的关系。

你眼中的世界决定了你身处的位置。

例如，如果你觉得自己是一个非常好、非常自信的人，那么你跟谁在一起，谁就是"好人"。这里的"好人"不是指对方客观上是一个好人，而是指因为你很好，你投射出了这份好，所以他就成了"好人"。

心理甩锅

"心理甩锅"就是一个人把不愿意接纳的自我部分投射到他人身上来减轻内在的焦虑和恐惧。

在阴影投射和否定式投射中，"心理甩锅"的现象尤为显著。

● **阴影投射**

阴影投射是指我们会不自觉地把不能接纳的那部分自我投射到他人身上，变成对他人的敌意和贬低。

例如，一个人对你的外貌指指点点，说明他对自己的外貌感到自卑；一个人总是觉得周围的人都在算计他，说明他本身是一个精于算计的人；一个人嫌弃你缺乏主见、过于软弱，说明他自己是一个很要强的人。

阴影投射很隐秘，你需要有足够敏锐的自我察觉力，才能意识到这种对他人的强烈情绪其实源于自身的投射。如果你已经对阴影投射有所察觉，不仅可以整合自己的人格，还可以通过观察对方对阴影人格的投射，洞悉其不能接纳的自我。

例如，我的一个来访者有强迫行为，到家必须先洗手，换一身家居服，否则绝对不能摸其他地方。

这种强迫行为似乎是一种个人习惯，但是这种个人习惯包含着"隐秘的不接纳"——不接纳失控和没有规则。

她会在人际关系中不自觉地把这份不接纳投射到外部，用要求自己的方式来要求家人。如果家人到家后没有洗手和换衣服，直接坐到沙发上，她就会十分愤怒和崩溃。

她愤怒和崩溃的程度和她不接纳自己的程度实际上是完全相同的。

如果一个人总是指责你，说你不好，那么并不是你真的不好，而是他把内心对自己的不接纳投射给你；如果一个人总是挑剔你，嫌弃你，那么他嫌弃的也不是你，而是那个怎么都做不好事情的自己。

● **否定式投射**

否定式投射是指我们将自己缺乏的特质、情感或动机归咎于他人。

否定式投射通常情况下也是一种病理性诡辩，惯用否定式投射的人通常都有偏执的特质，经常通过反驳和打压他人来彰显自己是正确的。

很多人在恋爱中也会遇到这样的情况。 例如，在恋爱结束后，有些人眼里的对方一瞬间变成了一个十恶不赦的坏人，明明双方也有过很多美好的回忆，但是这些人会在无意识中否定这些美好，因为不愿意接受"被拒绝"，所以把这份拒绝投射出去，通过全盘否定，给对方扣上"骗子"或"坏人"的帽子来减轻自己内心的焦虑和痛苦。

当一个人面对不能承受的突发痛苦时，也会使用否定式投射，用完全否认的方式来拒绝面对残酷的现实。 例如，记者联系到一位母亲，告诉她，她的女儿意外身亡了。她崩溃表示："这不可能！不会的！不可能！你是骗我的。"

习惯使用否定式投射的人在人际交往中通常有以下三种说话方式。

①反问式说话

你去驾校练车，你问教练："是不是该减速了？"对方告诉你："不减速，难道你撞上去吗？"

你问对方："你看到我的手机了吗？"对方回答："你手机放哪儿了你自己都不知道吗？"

在去一家很热门的餐厅吃饭前，你询问对方要不要提前订位／点菜，对方反问："不提前订位／点菜，难道去了干等／喝西北风吗？"

这种反问式的说话方式本质上是一种语言上的主动攻击，说话者用攻击代替防守，把你投射成对立面的敌人，通过贬低和打压你来抢占关系中的高位。

但是这种说话方式其实反映了说话者内在安全感的缺失和自负背后的自卑内核。说话者会本能地随时开启防御状态，通过全方位地攻击和反驳他人，达到保护自己不被伤害的目的。

②否定式说话

习惯否定式说话的人在和你对话的过程中，特别喜欢反复打断和否定你的观点。他们甚至会在你正常表达观点的时候激烈地反驳你，这种行为叫作病理性诡辩。原因是他们在潜意识里把你投射成了想要占据他们关注的低位者。

他们通过反驳和打压你来彰显自己是正确的，他们通常不愿意接受他人的观点，也不愿意改变自己的想法。这可能是因为他们从小被忽视，所以长大后习惯通过否定他人来增强自己的存在感。

> 你说这朵花真美，对方会说："好丑的花。"
>
> 你说我今天心情真不错，对方会说："大家心情都这么差，就你心情不错。"

这种否定式的说话方式本质上是对人的一种全面的不认可，说话者通过否定你的心情、感受、认知和状态等来增强自己的存在感。

③习惯性撒谎

如果一个人持续对你撒谎，随时糊弄和打发你，本质是对方把你投射成了一个无足轻重的人。因为撒谎的本质就是逃避和敷衍。

> 对方因为出门晚而迟到了，却谎称因为手机落在车上了，所以在回去拿的路上浪费了时间。
>
> 对方弄坏了东西，却偷偷把东西藏起来，谎称找

不到了。

习惯性撒谎的人会把撒谎当成跟你对话的常态，甚至不惜赌咒发誓，哪怕只是一件很小的事情。当你拆穿他们的谎言时，他们依然会说是你过于计较，甚至会为自己辩解：为了避免冲突，我才不得已撒谎。

无论你平时说什么，习惯性撒谎的人都不会在意，他们不会跟你发生正面冲突，不会真正重视你的感受，甚至会倒打一耙。习惯性撒谎的人通常都带有自恋型人格者的特质。

综上所述，**一个人狠狠攻击你的点，可能就是他自己心中最大的痛点。**了解了投射这种防御机制，你就不用过于在意他人对你的负面评价了，毕竟很多评价可能只是他们内心痛苦的不自知转移。

在人际关系中运用投射识人

了解自我的主观投射

如何在人际关系中运用投射识人？这一定是很多人最想学

习的内容。首先，你需要了解自我的主观投射。

● **识人先识己**

要想精准识人，你先不要着急向外看，一定要先看自身，看看你到底在向外界投射什么。

我曾经很喜欢电影《教父》里的一句话：**花半秒就看透事物本质的人，和花一生都看不透事物本质的人，注定有截然不同的命运。**后来，当我越来越准确且清晰地读懂对方后，我才发现，之前的"看走眼"其实也有自己的一份"功劳"。

你也可以仔细回想一下，也许就会发现，其实每个人都是一面镜子，当你接近对方时，你在镜子里看到的到底是对方还是自己，取决于你向外投射了多少自己。

正如前文所述，事物的样貌是由我们的主观投射和事物的客观本质综合决定的。我们要想**通过投射识人，就需要先把主观投射部分去掉，把自己还原成一面最朴实的镜子（不加工对方，也不歪曲对方），这个时候，我们才能照出对方最原始、最客观的样子。**

我打个比方，如果你是一面哈哈镜，对方可能就是一个胖子；如果你自带滤镜效果，对方可能就是一个明星；如果你是一面瘦身镜，对方可能就是一个超模。

投射源直接决定了对方在你眼中的样子。

如果你很爱发脾气，就会觉得他人总惹你生气。因为每件小事都可能成为让你愤怒的理由，你的世界就会充斥着愤怒。

如果你的内心充满爱与快乐，你就会发现身边有许多美好的事，也会在生命中不断遇到很好的人。

你眼中的对方是什么样，你就是什么样；你是什么样，你就会吸引什么样的人和事；你吸引什么样的人和事，你就会得到什么样的生活。

● **如何识别自我的投射**

你可以试着把自己变成一面能还原他人真实面貌的镜子，试着先向内看，问自己几个问题。

（1）我有什么创伤？

（2）我有什么恐惧？

（3）我有什么偏见?

这些创伤、恐惧和偏见都会影响你的主观投射，所以你需要先修复自己，以便看清对方的本来面貌。

例如，一个男人狂热地追求你，恨不得下一秒就要和你在一起，即使你已经明确表达了自己需要时间考虑，但他丝毫不顾及你的意愿。对于这件事，不同的人有不同的解读。一个缺爱的人看到的可能是满满的在意和爱；一个心术不正的人看到的可能是阴谋和诡计；一个讨好型的人看到的可能是对方迫切的需求。为什么每个人看到的对方都不同? 答案是投射源不同——**缺爱的人看不到边界，心术不正的人看不到阳光，讨好型的人连自己都看不到。**

所以，为了看清他人，你需要先关注**自己的创伤、恐惧和偏见**，修正由主观投射带来的偏差。当你能够相对中立地看待自己时，你投射出去的主观部分就会变少，看到的事物也就更接近它们本来的面貌。

当然，修复自己需要你拥有很强的反思能力和自我觉察能力，因为当你不能正确地看待世界时，你可能会肆无忌惮地责怪他人，例如，"都是父母的错""都是因为对方是'渣男'""都是因为对方太自私"……

● **向上的路，是创造自己眼中的世界**

在自我成长的过程中，你会明白，这个世界没有他人，只有你自己。**你是什么样的人，你看到的世界就会是怎么样的，你就会处在一个什么样的世界中。**

我说的识别自己，就是指先修复创伤，摆脱执念，平稳情绪，超脱欲望，然后才能真正看到自己。因为当你内心足够中正平和，你才能去除对他人"个性化"的解读。此时，你会像一面干净的镜子，清清楚楚地还原对方的样貌，既不夸大、也不矮化对方。

如果你没有去掉主观投射的部分，你看到的就是不够准确的对方，你看得不够准确，你吸引来的人就有可能是灾难。

你可以回忆一下，那些真正给你带来良好体验的人，其实都是透过了你的表象，绕过了你的防御机制，精准识别出你的内在的人。在心理学上，这种良好的体验是一种"我完整地被看到了"的感觉。什么是"完整地看到对方"？"完整地看到对方"就是透过一个人的表象，看到其内心最深的恐惧、最大的渴望、最隐忍的期待。而在完整地看到他人之前，你首先要通过这样的方式看懂自己。

在这里，我分享萨提亚女士的一首著名的诗：
《当我内心足够强大》。

当我内心足够强大

你指责我

我感受到你的受伤

你讨好我

我看到你需要认可

你超理智

我体会到你的脆弱和害怕

你打岔

我懂得你如此渴望被看到

当我内心足够强大

我不再防卫

所有力量

在我们之间自由流动

委屈、沮丧、内疚、悲伤、愤怒、痛苦

当它们自由流淌

我在悲伤里感到温暖

在愤怒里发现力量
在痛苦里看到希望

当我内心足够强大
我不再攻击
我知道
当我不再伤害自己
便没有人可以伤害我
我放下武器
敞开心
当我的心柔软起来
便在爱和慈悲里
与你明亮而温暖地相遇

原来，让内心强大
我只需要
看到自己
接纳我还不能做到的
欣赏我已经做到的
并且相信
走过这个历程

终究可以活出自己，绽放自己

这首诗完整地表达了把完整的自我投射出去后获得的宽容和力量。所以第一步，你仍然要了解完整的自我，充分接纳自己，无论是阳光的一面，还是阴暗的一面。充分接纳自我的人，通常情况下也能充分接纳他人。**如果想要获得一段良好的关系，你就要先接纳完整的自我，再把这份接纳投射出去，接纳完整的他人。**

通过他人的投射识别对方的本质

当一些人的评价完全不符合客观事实时，那其实是因为这些人的主观投射正在发挥作用。

每个人眼中的"客观事实"其实也是他自身主观评判出来的"客观事实"，所以当你认为对方的评价和事实完全不符时，不妨先确认一下对方认定的"客观事实"是否符合你认定的"客观事实"。如果二者符合，你再进一步观察不合理的部分，这个部分一般都是对方将不接纳的自我阴影投射到了外部。当你了解到对方不能接纳而甩给他人承受的事情时，你就可以进一步看清对方的本质。

我先举两个例子。

A 怀疑 B 喜欢自己。

客观事实：B 明明表现得很平常。

不接纳的自我阴影（主观）：A 不想承认喜欢 B（内心不接纳的部分）。

A 把不接纳的自我阴影投射出去，于是得出结论：B 喜欢自己。

实际上：A 喜欢 B。

丈夫觉得妻子一定有事欺骗自己。

客观事实：妻子并没有欺骗他。

不接纳的自我阴影（主观）：丈夫有事欺骗妻子（内心不接纳的部分）。

丈夫把不接纳的自我阴影投射出去，于是得出结论：妻子有事欺骗自己。

实际上：他有事欺骗妻子。

我再举一个例子（经过来访者同意，已隐去细节）。

我曾经有一个来访者，她性格安静内向、温柔乖巧，喜欢一个人待着看书，也没有太多朋友。他的男朋友自从跟她交往之后，就经常向她发问："你是不是出轨了？你是不是外面有人了？"

她每次都认真地跟对方解释，但是又心存疑惑，明明自己每次都秒回信息，每天都期待和对方见面，甚至黏着他，为什么他这么没有安全感？所以她一方面希望对方可以多一点安全感，另一方面心里还有一点窃喜，觉得也许这是男朋友太在意她的表现。

直到有一天，她不小心看到了男朋友的手机聊天记录，发现出轨的正是他自己，而且对方的出轨频率让她觉得不可思议。

她曾经认为，男朋友之所以疑神疑鬼，是因为爱她，还曾为此沾沾自喜。知道真相后，她大失所望，内心充满愤怒和困惑，有一种被欺骗和戏弄的感受。她不理解，为什么男朋友一边处处怀疑她，一边又在背后做着欺骗她的事情？

生活中其实有很多类似的事情，当对方大肆攻击你、谴责你的时候，往往运用的都是阴影投射。

在运用阴影投射时，人们往往是带有强烈的情绪的，因为他们投射出去的是自己内心的恐惧和不能接纳的部分。一个人在客观评价另一个人时，哪怕是负面的评价，是不会带有激烈的情绪的。

从另一个角度来看，如果一个人经常怀疑伴侣出轨，可能反映了其内心认为"出轨是一件让人无法抗拒的事情，而你也一定抗拒不了"。

同样，如果一个人坚定不移地信任伴侣，就说明他内心认为自己在关系中完全可以守住底线，所以他会把这种想法投射到对方身上，坚定地信任对方。

换句话说，如果一个人没有办法坚守底线，那么他有多么确定自己做不到，经由投射后，就会多么确定伴侣也一定做不到。

当一个人狠狠攻击你时，其实是通过把内心的矛盾和冲突转移到你的身上来减轻自己的焦虑和内疚。"你一定也是这样的人，所以我这样做也是应该的。"这是他们无意识层面的潜台词。

综上所述，通过他人的投射，你可以识别出对方的本质。当然，如果一个人坚定地指出你身上没有的特质，那么你也要判断一下自己是否已经陷入了投射性认同。

识别他人的"投射性认同"

警惕！如果你总在关系中感到"不得不扮演某个角色才能维持一段关系"，那么你可能已经陷入投射性认同。

投射性认同就像一场心理魔术——你不知不觉间成了他人剧本里的演员。

投射性认同和投射的区别

投射性认同与投射有所不同。投射本质上是一种心理活动，并没有任何外显反应，而投射性认同实际上涉及对他人行为无意识的情感操控。

例如，一个人总说"你这么懒，什么都做不好"，你开始怀疑自己是否真的无能，甚至主动包揽更多家务来证明自己。在这个过程中，对方就是通过反复暗示让你"认同"了某个标签。本质上，对方把自己的焦虑甩给了你，而你也承接了。

又如，职场中某些上级常说"年轻人吃不了苦"，年轻员工逐渐不敢提合理的需求，默默加班——这些上级通过投射性认同，让年轻员工接受了"必须吃苦"的隐形规则。

再如，婚姻中，有一方总是释放"自己什么都不会，什么都需要对方照顾"的信号，小到生活琐事，大到人生抉择，都需要对方帮自己安排。另一方在相处中认同了这种投射，就会事无巨细地为对方安排，并且在内心也认定对方确实需要自己照顾。

这种心理机制会给关系设定"隐形剧本"：我认定什么，就把认定的东西投射到你身上，如果你认同了"我认定的东西"，就认同了我的投射。

警惕投射性认同对我们的影响

投射性认同激活了被投射者的镜像神经元，让被投射者误以为"对方的需求就是自己的责任"——这不是善良，是大脑的漏洞！

从神经科学的视角来看：镜像神经元系统会让被投射者无意识地模仿他人的情绪和行为。例如，边缘型人格者因为前额叶皮层功能不足，所以可能会过度依赖投射性认同。在一些情况下，投射性认同可能以"家庭责任绑架""群体压力"（你不结婚就是不孝）等形式出现。

从一段关系入手来解读，你可以把投射性认同理解成两个人自我边界的博弈，它会在长期的深度关系中（如你和父母、朋友、同事、伴侣的关系等）慢慢改变关系的调性。

越缺乏自我意识的人，越容易陷入投射性认同的陷阱。你需要时刻警惕，审视自己是否正陷入投射性认同，因为它可能悄然破坏你的自我主体性。

自我主体性一旦遭到破坏，人们就如同失去了边界。当你不知道什么是自己真正认同的事物时，内心便会有一部分混沌空间，而这片混沌空间恰恰就是他人可以大做文章的空间。当"我"的概念变得模糊不清，"我"就只能依赖外界对自己的定义来认识自我，最终失去本真的自我。

请注意：他人对你的评价，往往是他内心的自传，而非你的简历。

如何通过"投射性认同"投射出好的关系

投射性认同是双向的，他人有投射的权利，你也有拒绝被投射的权利。当你足够爱自己，内心足够丰盈，并且具备足够的自我察觉与反思能力，尽可能让自己达到圆满、完整且自洽的状态时，你就可以投射给对方一个值得被爱、值得被呵护的形象，如果对方在潜移默化中认同了这种投射，你们就能维持健康良好的关系。

所以，如果你想改变人生剧本，就试着从改变投射源开始。你渴望拥有何种关系，便将自己投射成与之匹配的模样。

如果你还没有真正拥有"幸福者"的心态，那么在进入婚姻前务必慎之又慎，因为婚姻更像是一场属于人格完善者的

"游戏"。

一个人内心缺失的部分越多，越容易把婚姻当作自我救赎的途径。投射性认同的底层逻辑在于，双方都在潜意识层面不愿意进行自我完善，于是寻求另一个人来接纳自己的负面特质，这就像一场心理上的"甩锅游戏"。在这场游戏里，你把自己无法接纳的冲突、矛盾、欲望和想法一股脑地抛给对方，让对方来承受。而且你的人格越不成熟，对方需要承受的东西就越多。

如果两个人的人格都不成熟，这段关系本质上就是"互相找妈"的过程：**我投射出我破碎的童年；你投射出你被忽视和否定的痛苦**。如此一来，双方很容易陷入互相指责的恶性循环。

如果你本身处于不成熟的人格状态，那么婚姻对你来说可能是痛苦的开始。

人格成熟者明白一个非常重要的准则：我为自己的成长负责，我的需求我来倾听，我的创伤我来疗愈，我的生命体验我来创造。

我们在关系中最终收获的都是一些独特的体验，以及不断成长的自己。我们尝试借助对方的视角，洞察真实的自我。如果我们有能力疗愈自己生命中的创伤，用心倾听自己的需求，帮助自己成为一个人格成熟的人，那么无论置身于何种环境，我们都能识别出值得交往的人，并经营好这些关系。

> 当你不再通过他人的眼睛定义自己时，关系的滤镜必然会被粉碎，人格的底色自然就会浮现。

运用投射看到更全面的信息并破解投射
（练习）

> 越完美的恋人，越可能是骗子——因为真实的人都有裂痕。

运用投射看到更全面的信息

了解了投射和投射性认同，我们已经知道，每个人眼中的世界都是独立的主观世界，而我们的投射决定了我们会有怎样的言行举止，也决定了我们会看到怎样的世界。

所以，我们完全可以根据一个人向外投射的一切去反向了解这个人的内心。不管是对方使用的社交媒体头像、所处的物理空间、所属的圈层，还是其消费习惯、用语偏好，乃至下意识的瞬间反应等，无一不是其内心状态的投射。

现在，我们就可以运用投射，看到与他人有关的更全面的信息。

● **观察对方使用的社交媒体头像**

社交媒体头像在某种程度上是一个人理想化自我的浓缩展示，每个人在挑选头像时，都会下意识地选择与内心渴望、潜意识认同的形象产生共鸣的图片。它就像一面镜子，悄然映照出我们内心深处对自己的认知与期待。

不同的社交媒体头像往往投射出不同的潜意识，如表 3-1 所示。

表 3-1 不同的社交媒体头像所投射出的不同潜意识

社交媒体头像类型	潜意识投射	案例
动物 / 卡通头像	渴望纯粹，逃避复杂的人际关系	一位频繁更换猫咪头像的来访者在潜意识里抗拒职场社交，被诊断为社交焦虑
背影 / 侧脸头像	隐藏真实自我或对"被审视"敏感	使用迷雾中的背影作为头像的男性在亲密关系中习惯逃避深度沟通
童年旧照头像	沉溺于过去的光环或现实的成就感匮乏	一位用小学获奖照片做头像的35 岁女性长期陷在"巅峰已过"的自我否定中
奢侈品 / 豪车头像	用物质填补低自尊或渴望阶层认同	在朋友圈晒方向盘并配文"努力的人最幸运"的人私下向朋友借款以维持日常消费
黑白极简头像	追求精神深度或用疏离感防御情感	一位用黑白头像的哲学系学生在现实中抗拒与他人的肢体接触，认为"情感会污染思考"

那些看似"完美"的头像背后可能隐藏着使用者巨大的心理缺憾。例如，喜欢用精修自拍照做头像的人，常常会伴随着一定程度的容貌焦虑。他们试图通过展示完美的形象来掩盖内心对自己外貌的不自信。而那些长期不更换头像的人可分为两种情况：一种情况是他们处于极度接纳自我的状态，对当前头像所代表的自己感到十分满意，无须通过更换头像来调整形象；另一种情况是他们内心恐惧改变，害怕新头像会给他们带来未知的影响，所以宁愿维持现状，保持头像不变。

● **观察对方所处的物理空间**

　　一个人所处的物理空间同样能透露出这个人的内心世界和人格特质。

　　我以办公桌的状态为例：如果办公桌上的文件杂乱无章地堆叠着，使用者却能迅速精准地找到所需文件，那么这类人通常具有较强的创造力，内心深处对既定规则持有一定的抗拒态度。就像一位广告公司的总监，其工作性质导致其需要不断迸发创意灵感，乱中有序的桌面正好契合了他自由发散的思维模式。

　　如果桌面空无一物，所有物品都被严格归类摆放，那么使用者往往控制欲较强，且内心深处的安全感较为匮乏。例如，有位财务主管由于童年时期过得动荡不安，因此对秩序极度看重，会通过整理桌面来获取内心的稳定感。

　　我们再来看手机屏幕：当手机屏幕满是社交类或游戏类的应用程序时，这或许意味着使用者对现实生活中的人际关系感到不满却无力改善，也无法建立新的良好关系，因此沉迷于这些应用程序来获取即时的快感，以填补内心的空虚。

　　如果手机屏幕只保留了工具类的应用程序，这或许意味着使用者可能存在情感隔离的倾向，习惯用理性来防御内心的脆弱。例如，一位程序员在经历分手后，删掉了手机里所有的娱乐类应用程序，试图用这种方式让自己沉浸在理性的工作和生活中，避免被情感左右。

- **观察对方所属的圈层**

  一个人所属的圈层同样是其内心投射的外在体现。

  面对一个不熟悉的人，想要迅速而全面地了解对方并非易事。此时，你不妨留意一下对方的朋友圈或伴侣。一个人虽然不能选择自己的原生家庭，但可以主动选择朋友和伴侣，而这其中恰恰潜藏着其内心深处理想化的自己。

  人类作为社会性动物，天生对归属感和认同感有强烈的渴望，而朋友恰好能够满足这一心理需求。从某种程度上说，一个人的价值观往往趋近于他最亲近的三个朋友的价值观的平均值。即使当下的情况并非如此，但随着相处时间的增加，彼此的价值观也会逐渐趋同，因为人类是最容易接受暗示的动物。

  我举个例子，有这样一名女性，她声称自己在感情里并不在意物质付出，还认为那些在感情里看重物质付出的女性太过"拜金"。她时常吐槽身边的朋友，言辞间充满厌恶。然而，如果她身边的朋友大多是"拜金之人"，她却没有选择远离，而是一边融入，一边又表达不认同，这实际上反映了她在潜意识里对所处环境拥有更深层次的认同，只是她自己意识不到。

● 观察对方的消费习惯

消费习惯确实能在很大程度上反映出一个人的心理动机。虽然理性消费可能会受到各种因素的干扰而带有一定的伪装性，但是冲动消费往往能真实地反映出一个人内心的需求和偏好。表 3-2 对比了四种常见的消费类型及消费者背后的心理动机。

表 3-2　四种常见的消费类型及消费者背后的心理动机

消费类型	心理动机	觉醒练习
补偿型消费	童年资源匮乏的报复性满足	问自己：如果没人知道我还会购买吗
人设型消费	用外在标签填补内在价值感	撕掉商品 logo，使用一周，看看自己是否快乐
焦虑型消费	为"未来的可能需要"囤积物品（如网课、书籍）	列出"未完成清单"，每完成一项，才允许购买新物品
关系型消费	通过送礼讨好他人，以维系脆弱的自尊心	记录收礼人的反应，观察"花钱能否买来真心"

● **观察对方的用语偏好**

在日常沟通中，一个人使用的高频词往往也是其内心世界与人格倾向的外在投射。表 3-3 列举了一些常见的高频词及其所代表的使用者的潜在人格倾向。

表 3-3　常见高频词及其所代表的使用者的潜在人格倾向

高频词	潜在人格倾向	案例
"应该""必须"	完美主义，自我压迫或控制欲强	一位频繁说"你应该"的妻子，让丈夫深感压抑而宁愿加班也不愿回家
"随便""都行"	回避冲突或隐藏真实需求	相亲中说"随便"的女性事后向闺蜜抱怨对方不贴心
"笑死""绝了"	情感夸张化，现实中可能无法与人进行深度共情	"00 后"员工在群里与同事热络聊天，但离职时无人为其送别

● **观察对方下意识的瞬间反应**

一个人下意识的瞬间反应往往是其人格最真实的体现。例如，你可以观察不同的人在地铁上被踩脚的反应。

- 立刻瞪眼指责——自恋型人格（潜意识台词：我的感受必须优先）。
- 低头退缩——回避型人格（潜意识台词：冲突是危

险的）。

- 开玩笑化解——安全型人格（潜意识台词：世界是充满善意的）。

综上所述，只要你用心观察，就可以运用投射，获得与他人有关的更全面的信息。

3 步破解投射心理魔术

当掌握了上面的方法后，你可以认真审视一下身边是否存在潜在的高消耗型关系。你可以通过回答下面3个问题来判断。

✓ 在对方面前，我总是觉得自己"不够好"？

是　　否

✓ 对方的情绪像过山车，而我是安全员？

是　　否

✓ 为对方破例的次数远超为其他人的？

是　　否

如果你的答案中有3个"是"，那么这无疑是一个红色警报信号，表示你可能已经陷入高消耗型关系。如果你暂时不想结束这段关系，可以通过下面3句话来回应，让投射性认同失效。

    1. 这是你的感受。

    2. 我理解你的焦虑。

    3. 我的底线是……

阅读本书的读者可以关注微信公众号"果子狸心理"，领取"反操控话术库"。至此，本章告一段落。通过前面的探讨，我们已经能够初步掌握洞察他人内在思考逻辑，以及从各种细节里分析他人心理的方法。接下来，我们进入第四章，学习看人小技巧。

第四章

看人小技巧

身体和神经反应从来不会骗人。

通过眼球转动看人

什么是内感官

内感官，也被称作"感元"，在人类的感知与认知过程中扮演着至关重要的角色。它全面参与视觉、听觉、感觉（包括味觉、触觉和嗅觉）等各类信息的储存和提取工作。可以说，只要人类大脑需要调用视觉、听觉、感觉这三类信息数据，就必定会启用内感官。

内感官神经是大脑里脑干部分的网状组织，它牵动着眼球的神经。当某个内感官启动时，对应的内感官神经会牵动眼球神经，让眼球转到相应的方位。

所以，我们可以通过观察一个人眼球的转动，来判断这个人的所思所想。

下面我将详细介绍不同内感官启动时对应的眼球转向方位。内感官涵盖视觉、听觉、感觉（味觉、触觉和嗅觉）系统，这些内感官分别对应眼球的六个方位。

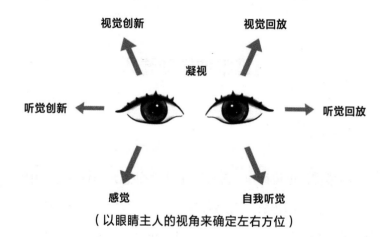

（以眼睛主人的视角来确定左右方位）

（注：以下内容适用于右利手者）

- 眼球转向左上方，代表负责视觉回放的内感官启动了，即人们开始从记忆中调取过往经历的视觉画面；眼球转向右上方，代表负责视觉创新的内感官启动了，即人们开始在脑海中构建全新的、未曾见过的视觉场景。

- 眼球转向左中部，代表负责听觉回放的内感官启动了，即大脑正在回忆过去听到过的声音；眼球转向右中部，代表负责听觉创新的内感官启动了，即人们正在创造新的、想象中的声音。

- 眼球转向左下方，代表负责自我听觉的内感官启动了，即人们开始倾听自己内心的声音，与自己进行对话；眼球转向右下方，代表负责调用某些特定感觉（如味觉、触觉、嗅觉）的内感官启动了，即人们开始唤起有关味觉、触觉、嗅觉的身体感官记忆。

内感官与眼球转动规律

当我们掌握了对面人的眼球转动规律，就等于了解和把握了这个人的思考习惯和内心所想。

现在，我们来做一个练习：你可以睁开眼睛，也可以闭上眼睛，但是请确保眼睛看向正前方，眼球处在眼眶最中间的位置。（请注意：开始练习前，请先确认你平时写字时惯用左手还是右手，如果你是左利手者，那么眼动神经的调取方向需左右对调。）

- **视觉区域（左上，右上）**

回想一下你曾经跟亲朋好友出游的某个画面，尝试努力定格这个画面，然后留意一下自己眼球的位置。眼球是不是转到了左上方？这表明负责视觉回放的内感官位于头的左上方区域（以眼睛为中心，下文同）。

这个区域的内感官负责储存我们过往经历中的所有图像，当内感官要调取过去画面时，眼球就会自动转向左上方。

现在，展望一下未来，想象你正要去一个你特别向往的城市旅游，想象一下那个城市可能的样子，定格某个画面，再次留意一下自己眼球的位置。它是不是转到了右上方？这表明负责视觉创新的内感官位于头的右上方区域。

这个区域的内感官负责创造或开启新的未知图像，当你展开联想，脑海中浮现新的具有创造性的画面时，眼球就会自动转向右上方。

- **听觉区域（左中，右中）**

现在，回想一句过去你的家人或朋友曾经跟你说过的让你印象深刻的话，定格那句话，然后留意一下自己眼球的位置。

它是不是转到了左中部？这表明负责听觉回放的内感官位于头的左中部区域。

这个区域的内感官负责储存我们曾经听到的声音，当我们调取过去的声音时，眼球就会自动转向左中部。

想象一下你的家人未来有可能对你说的一句话，想象对方正在说话的声音，你的眼球是不是自动转向了右中部？这表明负责听觉创新的内感官位于头的右中部区域。

这个区域的内感官负责创造或开启对未来声音的想象，当你在脑海中尝试构建一个新的声音场景时，眼球就会自动转向右中部。

- **感觉区域（左下，右下）**

一个人在倾听自己内心的声音时，眼球就会自动转向左下方，这表明负责自我听觉的内感官位于头的左下方区域。而负责"感觉"的内感官位于头的右下方区域，当内感官尝试调用某些特定感觉（如味觉、触觉等）方面的记忆或体验时，便会牵动眼球神经，让眼球自动转向右下方。

所以我们可以仔细观察一下，如果一个人的眼睛经常盯着左下方和右下方，表明他可能经常沉浸在自己的内心世界和感受里。

我的一个来访者曾经问我："如果一个人的眼球来回转动，好像在不同的位置都会停留，能说明什么？"

这实际上表明对方处理信息的能力更为全面且灵活。在信息提取与处理的过程中，对方能够充分展现出全面性、高智商与灵活性。以演讲者或极具感染性的人为例，他们常常能同时调动视觉、听觉、感觉系统，表现更丰富，感染力更强。这种现象也被经验丰富的老人形象地总结为"眼睛总是滴溜溜地转"。

大家也可以尝试锻炼自己的内感官，在日常生活中尽量有意识地让眼球在不同的方位转动，以便有意识地调取或存储各类内感官信息，这会让我们的思维更灵活、知识储备更丰富、能力发展更全面。

如何通过眼球转向的方位识别对方探索的信息

大家可以根据与对方交谈时对方眼球转向的方位来判断对方正在调取哪类信息。这些信息可能源自过往经历，也可能关乎未来设想；其呈现形式既可能是脑海中的画面，也可能是某种声音，抑或是内心的感受。

我举个例子，如果你问一个人"上周三开会的时候你在哪里"，就可以通过观察对方回答问题时眼球转向的方位来判断其正在调取哪类信息，具体如下。

左上方：在调取过去的画面。

左中方：在调取过去的声音。

右上方：在开创一个新的画面。

右中方：在预见一个新的对话。

左下方：在听自己的感受。

右下方：在品味一些感觉。

这个方法可能有点简单粗暴，但可以让你在对话的过程中直接透过对方眼球转向的方位来判断对方的所思所想。另外，你也可以观察一下，开始对话和结束对话时对方眼球所处的方位。

有的人在开始和结束对话时，习惯调取过去的回忆，眼球

位于左侧。

有的人在开始和结束对话时，习惯展望未来，眼球位于右侧。

有的人在开始和结束对话时，习惯沉浸在自己的感觉里，眼球位于下方。

这些信息可以帮你快速判断你想了解的人的大脑存储惯性，以及你们对话时对方心里的大致想法。

如何通过眼球转向的方位判断对方的习惯特质

你也可以根据对方眼球习惯转向的方位来判断对方的习惯特质。

眼球经常转向左上方（擅长调用内感官的视觉回放信息）的人，在生活中通常比较念旧，容易沉浸在过去的回忆中，相对而言比较重感情。眼球经常转向右上方（擅长调用内感官的视觉创新信息）的人，在生活中通常富有创造力，思维活跃且充满想象力，面对新事物与挑战时，往往能迅速想出独特的应对思路。

眼球经常转向左中部和右中部（擅长调用内感官的听觉回放和听觉创新信息）的人，对文字信息比较敏感，会很细致地品味他人的话，力求精准把握话语中的深意。这类人在讲故事时往往停不下来，他们渴望将故事的每一处细节都清晰呈现出来，以致常常滔滔不绝，甚至因过度纠结细节而出现重复表达的情况。

眼球经常转向左下方（擅长调用内感官的自我听觉信息）的人，经常会反思和回顾过去的事，容易陷入过度沉思的内耗中。

眼球经常转向右下方（擅长调用内感官的感觉信息）的人，更加情绪化，也更加敏感，特别注重感觉。

总的来说，过度依赖某个内感官的人，往往会受限于单一的信息调取方式，造成读取的信息缺乏广度。眼球经常转向左下方和右下方的人，通常都比较沉浸在自己的世界里，也比较缺乏自信心。能够协调运用各种内感官、使其均衡发挥作用的人，通常可以非常自由灵活地表达自己，语言也更富感染力，在人际关系中通常有较为出色的表现。

通过眼球转向的方位划分三种类型的人

我们可以把眼球转向的区域分成视觉区（上）、听觉区（中）和感觉区（下）。我们将惯用视觉区的人称为视觉型的人，将惯用听觉区的人称为听觉型的人，将惯用感觉区的人称为感觉型的人。

- **视觉型的人**

视觉型的人处理事情时习惯先用双眼去看，所以眼睛的学习能力和信息处理能力很强。他们可以在同一时间接收并处理多项信息。日子久了，他们对视觉能力的运用越发娴熟，行为模式便会具有以下特征。

（1）热衷于强烈的视觉冲击。

（2）更相信"眼见为实"。

（3）在写作中，经常运用与视觉有关的句子，善于运用生动、形象的文字描绘具体的画面。

- **听觉型的人**

听觉型的人处理事情时习惯先用双耳接收信息，并借助文字展开思考。日子久了，他们对听觉能力的运用越发娴熟，行为模式便会具有以下特征。

（1）说话内容详尽且容易重复：在表达观点或叙述事情时，他们会细致入微地阐述每一个细节，力求将信息传达完整。

（2）话多且难以收口：这类人热衷于交流，一旦打开话匣子便会滔滔不绝。

（3）说话时频繁使用象声词。

● 感觉型的人

感觉型的人在处理事情时通常受到内心感受的指引。日子久了，他们对感觉能力的运用越发娴熟，行为模式便会具有以下特征。

（1）注重自己内心的情绪和感受，十分在乎与他人的关系，但常常不善于处理这些关系。

（2）渴望得到他人的关怀。

（3）与外在的表象和悦耳的声音相比，他们更看重事物背后蕴含的意义及带给自己的感觉。

当一个人的所有内感官都得到充分发展时，说明此人的综合能力较强。

能够均衡运用不同内感官的人往往能够更全面地思考问题，解决问题和理解事情的能力都比较强。同时，他们拥有与惯用某类内感官的人配合的能力，所以人缘特别好。只要他们愿意，他们可以被很多不同的人群接纳。不过这种强大的内感官运用能力有时会受到个人信念系统（即信念、价值观与规条）的制约而无法得到充分施展。

通过肢体语言看人

了解肢体语言

肢体语言是人际交往中重要的非语言信号。研究表明，超过 70% 的信息是通过肢体语言传递的。因为肢体语言是一个人下意识的反应，所以比说出的话语更具可信度。例如，双手环抱可能表示防御，眼神回避可能暗示不安，感觉冷了会搓搓手，看到恐怖的事情会本能后退，内心特别不情愿时会连续摇头。因此，我们可以通过观察一个人的肢体语言来判断他的所思所想。下面列举一些有代表性的肢体语言。

表示友好和信任的肢体语言：

- 敞开双手，目光直视；
- 不自觉地靠近对方；
- 对方靠近时，不排斥、不后退；
- 在群聊场景中，眼神会首先落在欣赏的人身上。

表示排斥和防御的肢体语言：

- 双手交叉环抱于胸前；
- 对方靠近时，表现出抗拒、排斥，甚至微微后退；
- 在沟通过程中，时不时回避对方的眼神交流；
- 听到某些谈话内容时会选择低头或转移话题。

通过肢体语言了解一个人的真实状态

一个人的肢体语言是未经加工的独特"语言"。在神经语言程序学的课堂上，老师曾经带着我们做了两个实验。

● 沟通时，与对方的肢体语言保持同步更容易获得对方的好感

第一个实验将所有人进行分组，每组两人，让所有人围绕自由主题展开对谈。实验的目的是，观察互动中一方的肢体语言给另一方带来的内在感受。

具体过程：两人对谈时，不发言的一方要模仿发言者的肢体语言，与发言者的肢体语言保持同频；随后，当发言者讲话时，不发言的一方采用与发言者完全不同的肢体语言。

实验结束后，我们询问了多组参与实验的人。他们都表示遇到能跟随自己肢体语言的人会在不知不觉间感觉被倾听和被尊重了，进而觉得对方更亲近，对其产生更多好感，交流也更顺畅。

可见，在沟通中，保持跟对方同步的肢体语言更容易获得对方的好感。

● **了解一个人状态的最好方法是模仿其肢体语言**

第二个实验采用同样的分组方式。每组中的一人用自己最舒服的方式上台演讲，之后，同组的另一人模仿其发言时的肢体语言。

等所有人都参与了演讲与模仿后，我们询问了每个人的感受。大家都认为自己在模仿对方的动作、神情和姿态时，似乎更能洞悉对方的心理活动。

可见，了解一个人状态的最好方法是模仿其肢体语言。

● **语言与行动一致，往往更能传达出事情的真相**

如果一个人的语言与行动产生了冲突，那么他说的话很有可能并非事实。

例如，如果一个人笑着说"很开心遇到你"，双脚却下意识地往后退，那么他的这句话大概率只是客套的场面话；如果一个人说"我爱你"，但总是避开与你的亲密互动，回避你的肢体接触，那么这句表白恐怕掺杂着一些水分。

当一个人言行合一时，会展示出一种松弛自洽、和谐统一的状态，在这种状态下表达的内容往往更贴近他的真实想法。

例如，一个人笑着望向你，然后不自觉地靠近你；一个人一边拒绝你，一边摇头；一个人说喜欢你，总是第一时间看向你。这些都是言行合一的表现。

当一个人的语言与行动高度一致且连贯时，其语言在很大程度上能够反映出真实的心声。如果一个人以敞开、主动靠近的姿态面对你，不仅传递出自信、积极且有能量的状态，还传递出对你敞开心扉、愿意和你进一步沟通交流的信号。

通过模仿对方的行为感受对方的状态

通过模仿对方的行为，我们可以感受到对方的状态。

在神经语言程序学的实验课上，我上台演讲时习惯一只手扶着腰，双腿自然站立，这是我常用的标准姿势。

当另一位组员站在台上模仿我时，我十分惊讶。一方面，我从未意识到自己看上去如此懒散；另一方面，这位模仿我的学员反馈，当她站在台上，说着我讲过的话，做出我做过的动作（一只手叉腰支撑身体，另一只手摆出随意的手势）时，她感觉我有些疲惫、身体欠佳，同时也感受到了我的自信与随性。

她还说，当她顺着我的思路半模仿我、半背诵我的观点时，感受到了我开阔的思维和缜密的逻辑，她甚至觉得捕捉到了我的表达方向。

为什么她能迅速体会到我的感受和想法呢？这是因为在模仿对方时，我们能够充分调动大脑中的镜像神经元去感知对方。

镜像神经元是一种特殊的神经元，它能够在观察者的大脑中映射出他人的动作、情绪与意图，是大脑皮层中一种特殊的感觉机制。

我们也可以运用这个原理，通过模仿他人，充分调动镜像神经元去感知对方的状态。如果你身边有很熟悉的朋友，就能体会到镜像神经元强大的功能。例如，你会不会在朋友说了上一句话时就能猜到下一句话？你是不是能顺着对方的逻辑模仿对方的语言模式？这些都是镜像神经元特别活跃的表现，拥有活跃镜像神经元的高敏感人群往往特别善于感同身受，并能精准模仿他人。

但是即便你不属于这类高敏感人群，同样可以先模仿他人，调动镜像神经元，再去充分感受他人。这同样可以让你更敏锐地感受到事物的不同面和不同深度，助力你反向打开强大的感受力，帮你识人。

● **模仿练习**

你不妨试着模仿一下身边的朋友，全方位地模仿朋友说话的方式、表情、神态、肢体动作和语速，尽可能做到惟妙惟肖，同时开启共情模式，设身处地地共情对方的感受。

你在模仿时务必力求高度一致，不放过任何一个细节，把对方说过的每一句话、做过的每一个动作都复刻出来，模仿得越细致越好。

一开始，你可能会觉得对方的某些行为和语言有点奇怪，例如，对方总是在说话前喝一口水，说事情前讲一个笑话，临走前先找一个借口再开心地挥手告别。因为你不会做这些行为，所以当你接触一个新的"程序"时，你的大脑和神经元之间就会发生新的连接，在这个过程中你可能会感到别扭，这都是正常现象。当你这样做时，你就正在打破原有的行为习惯，踏入一个全新的领域。

当你沉浸于模仿他人的行为习惯，并持续一段时间后，你的想法和内心世界将会发生显著的变化。你会感觉自己仿佛置身于另一个人的状态中，即便最初难以理解对方的某些行为，但随着对其言行举止的深入模仿，你逐渐开始能够捕捉到这些行为背后潜藏的心理状态。一旦你能够完全模仿一个人的外在表现，便能够逐步与对方的心路历程保持同步。

这个练习对于了解他人极为有效，同时，它还能助你塑造全新的自我。如果你期望实现后者，首先要寻觅一个榜样。这个榜样可以是拥有优秀特质、令你心生崇拜的任何人，如某位明星、某位老师、某位优秀的创业者，甚至是某个博主。

只要你认为其他人身上有你喜欢的闪光点，就可以模仿他们，充分模仿他们的语调、表情、动作、说话的逻辑等。你模仿得越到位，就越能感受到他们内在和你不一样的部分，进而让自己的内心滋生出新的力量。

这样的练习可以重塑你的神经回路，引领你踏上一条新的道路。一旦你开启了一条全新的道路，就意味着你又一次挑战了自己。不停地尝试新的路径既是成功的本质，也是通往成功的捷径。

保持善良同时择善而交

我之所以把这一小节放到本章的最后，是因为它道出了我认为提高人生质量最重要的信条：择善而交。与一个善良的人结伴，能让我们在人生道路上心怀暖意地前行。

有时候，善良可以震慑住邪恶，但是大多数时候，无底线的善良会滋养出邪恶。所以，在自己保持善良的同时，寻找同样善良的伙伴至关重要，双方的善良可以孕育出更多的善意，也可以促进双方的关系更深厚、更持久。

善良涵盖了一个人的底线和三观。而底线和三观不仅是我们与他人相处时安全感的来源，还是他人对自己的道德约束与自我要求。无论何时，我们都清楚对方不会做出一些令人瞠目结舌、难以接受的事情，这种笃定感就是我们在人际交往中最底层、最坚实的安全感。

那么究竟该如何判断一个人是否善良呢？我们可以从以下几个方面观察。

- 对方是否会心安理得地侵犯、损害他人的权益？
- 对方是否会尊重他人？
- 在极端的情绪状态中，对方是否会有过激、出格的言行举止？

如果上面三个问题的答案都是"否"，那么在和这个人的这段关系中，你大概率不会遭受重大的伤害与损失。

🟠 练习

说一段话并录像，观察自己说话时眼球的转动方向，试着将其与自己说每句话时实际的所思所想进行对照，以便更准确地掌握眼球转动的秘密。

第五章

从"防坑"到
"掌握主动权"

你不是关系中的受害者，

而是自己人生的导演。

在前几章中，我带领大家深入探讨了关于依恋风格、人格类型、防御机制等心理学知识，帮助大家从多个维度识人和"防坑"。然而，大家仅仅停留在"防坑"层面是不够的，还需要掌握一些进阶技巧，在复杂的人际交往中化被动为主动，将幸福的钥匙把握在自己手中。

这一章作为综合运用的内容，我将结合心理学理论、行为学研究和实际案例，帮助大家掌握从"看透一个人"到"引领一段关系"的能力，让大家在关系中游刃有余。

关系质量计算公式：科学评估关系的健康度

在人际关系中，我们常常感到困惑：这段关系是否值得继续投入精力？对方是否值得深交？为了帮助大家更科学地评估一段关系的健康度，我设计了一个简单但实用的"关系质量计算公式"，帮助大家预测可能出现的关系模式，具体如下。

（**依恋指数** ×40%+ **人格指数** ×40%+ **防御指数** ×20%）×
能量值 = **关系质量分数**

通过这个公式，我们可以更快速地评估一段关系的健康度，并决定是否需要调整关系中的交往策略或及时止损。

依恋指数：评估对方的依恋风格，安全型依恋得分最高，焦虑型依恋和回避型依恋得分较低。

人格指数：评估对方的人格特质，相对健康的人格得分较高，高消耗型人格得分较低。

防御指数：评估对方常用的防御机制，原始防御机制得分较低，成熟防御机制得分较高。

不同依恋风格、人格类型和防御机制的对应分数如表 5-1
所示。

表 5-1　不同依恋风格、人格类型和防御机制的对应分数

依恋风格	依恋指数（0~10 分，取整数即可）
安全型依恋	8~10 分
焦虑型依恋	4~7 分
回避型依恋	0~3 分

（续表）

人格类型	人格指数（0~10分，取整数即可）
健康人格	8~10分 （具体表现如同理心强，能平衡工作与生活，能接纳他人缺点等）
轻度缺陷人格	5~7分 （具体表现如偶有原始防御但不极端，偶有偏执、自恋、依赖等特质）
高消耗型人格	0~4分 （反社会型人格、自恋型人格、偏执型人格、边缘型人格、强迫型人格、表演型人格、回避型人格、依赖型人格）
防御机制	**防御指数（0~10分，取整数即可）**
成熟防御	8~10分 （幽默，升华，认同）
中间防御	4~7分 （合理化，退行，理智化，间隔化，抵消，攻击自身，置换，反向形成，情感隔离，压抑）
原始防御	0~3分 （极端退缩，否认，全能控制，极端理想化和贬低，内摄，投射，投射性认同，分裂，躯体化，见诸行动，性欲化，极端解离）

依恋风格奠定关系基调（如安全型依恋者能够构建稳定的联结），人格特质决定满足需求的方式（如自恋型人格者通过操控获取关注），防御机制调节冲突应对策略（如回避型依恋者常常使用情感隔离）。如果我们掌握了前三章的内容，就可

以初步预判对方的依恋风格、人格类型和常用的防御机制，进而初步了解对方在关系中可能的行为模式。

例如，焦虑型依恋（依恋风格）＋边缘型人格（人格类型）＋见诸行动（防御机制）＝可能会出现情绪爆发、自残等极端行为。

再如，安全型依恋（依恋风格）＋健康人格（人格类型）＋幽默（防御机制）＝通常具备解决较大冲突的能力。

又如，回避型依恋（依恋风格）＋自恋型人格（人格类型）＋理想化和贬低（防御机制）＝交往后期一边在关系中打压你，一边后撤。

由于**每个人在关系中获得的能量值**是不同的，因此我们在计算关系质量分数时，还要考虑对方在这段关系里带给自己的能量值。在一段关系中，如果我们和对方互动后感到身心愉悦，那么我们在关系中的"充电量"大于"耗电量"，处于高能量状态，能量值较高；如果我们和对方相处后内心平淡但也没有负担，那么我们在关系中的"充电量"与"耗电量"基本持平，处于中能量状态，能量值一般；如果我们和对方相处后感到身心疲惫，那么我们在关系中的"充电量"小于"耗

电量",处于低能量状态,能量值较低。能量值的具体分数如
表 5-2 所示。

表 5-2　不同关系带给我们的能量值及对应的能量状态

能量值（分数）	能量状态
1.2 ＜能量值≤ 1.5 （高能量状态）	"充电量" ＞ "耗电量" 和对方互动后感到身心愉悦 （如积极乐观、充满活力的状态）
0.8 ＜能量值≤ 1.2 （中能量状态）	"充电量" ＝ "耗电量" 和对方相处后内心平淡但也没有负担 （如状态始终平稳）
0.5 ＜能量值≤ 0.8 （低能量状态）	"充电量" ＜ "耗电量" 和对方相处后感到身心疲惫 （如长期疲惫、情绪低落的状态）

　　我举个例子。有一个人在追求你,他的依恋风格为安全型
依恋,依恋指数为 8 分（8×40%=3.2）;这个人思维灵活、有
同理心,属于比较健康的人格,人格指数为 9 分（9×40%=
3.6）;遇到冲突时,他通常使用幽默、升华等较为成熟的防御
机制,防御指数为 8 分（8×20%=1.6）。在你们相处的过程中,
你大多数情况下会觉得放松和快乐,和他在一起让你活力满满,
处于高能量状态,能量值为 1.5 分。那么你可以预估一下,和
他在一起后,你们的关系质量分数为:（3.2+3.6+1.6）×1.5 =
8.4×1.5 = 12.6（分）。

我们可以根据计算出的关系质量分数来预测这段关系未来的特征。关系质量分数及其对应的关系模式和关系核心特征如表 5-3 所示。

表 5-3　关系质量分数及其对应的关系模式和关系核心特征

关系质量分数 （0~15 分）	关系模式	关系核心特征
13＜分数≤ 15	高度匹配	关系十分健康，对方具有解决问题和处理冲突的能力 案例：一方能冷静处理冲突，双方能够共同成长
10＜分数≤ 13	整体健康	关系相对健康，双方偶有小摩擦但关系可以修复 案例：一方偶尔情绪化，但能通过沟通解决问题
7＜分数≤ 10	"食之无味"	关系平淡，缺乏激情，可能存在潜在问题 案例：一方回避深度沟通，但未造成严重冲突
4＜分数≤ 7	相对艰难	关系存在明显问题，双方需付出大量努力来修复 案例：一方情绪不稳定，常常引发争吵
0＜分数≤ 4	"人间炼狱"	关系极度不健康，可能涉及严重冲突 案例：一方控制欲强，常常贬低或打压另一方

低能量补给策略：从耗竭到充盈的 3 步法

如果你不想结束某段关系，但在这段关系中，你又处于低能量状态，就需要及时进行能量补给。因为能量值的高低直接影响关系的质量。如果一段关系让你感到身心疲惫，你就需要为自己"补给能量"，并启动"反操控话术库"。

以下是 3 个实用的能量补给策略，适用于不同的低能量关系。

①每日 15 分钟深度对话计划

适用关系：低情感投入的关系。

操作方法：每天与另一方进行 15 分钟的深度对话，专注于分享彼此的感受和想法，避免表面化的闲聊。

效果：通过深度对话，增强双方的情感联结，提升关系中的能量值。

②共同挑战清单

适用关系：低互动活力的关系。

操作方法：制定一份"共同挑战清单"，如每周尝试一家新餐厅、每月完成一次户外活动等。

效果：通过双方共同完成挑战，增加互动乐趣，提升关系中的活力。

③情绪急救呼吸法

适用关系：低自我调节的关系。

操作方法：当情绪失控时，采用"4+7+8呼吸法"（吸气4秒，屏息7秒，呼气8秒），让自己快速平复情绪。

效果：通过调整呼吸来调节情绪，避免情绪爆发对关系的破坏。

高危关系止损预警：当关系质量分数 ≤7分时，启动"关系急救行动"

如果你计算后得出某段关系的质量分数≤7分，就意味着这段关系已经进入高危状态，你需要及时采取"关系急救行动"。我将"关系急救行动"分为 3 个步骤。

①识别风险因子

通过观察对方的行为模式，你可以判断一下对方是否存在高风险人格特质（如自恋型人格特质、反社会型人格特质等）。根据对方的人格特质，你可以分析一下未来的关系中是否存在诸如情感操控、冷暴力、过度依赖等风险。

②设定底线和边界

在关系中，你需要设定清晰的边界，明确自己在关系中的底线，如不接受冷暴力、不接受情感操控等，并坚决执行，化被动为主动。

● **当对方试图操控或贬低你时，采用镜像话术反击**

"镜像话术"，即重复对方的语言模式，但不落入对方的逻辑陷阱。例如，当对方说"你根本不懂我"时，你可以回应："我注意到你很焦虑（共情情绪），但这是你的感受（划清边界），我们可以讨论解决方案（转移焦点）。"采用镜像话术，你打破了对方的操控模式，重新掌握了对话的主动权。

- **当对方试图用情绪操控你时，采用情绪隔离法**

"情绪隔离法"，即将对方的情绪与自己的情绪隔离开来，不轻易被对方的情绪影响。例如，当对方大发雷霆时，你可以冷静地说："我理解你现在很生气，但我们需要冷静下来再讨论。"

- **当对方试图用投射操控你时，采用反向投射法**

"反向投射法"，即识别对方的投射行为，并将投射反向引导回对方身上。例如，当对方指责你"自私"时，你可以回应："我注意到你对我有很多不满，这是否反映了你对自己某些方面的不满？"

③寻求外部支持系统

如果关系无法改善，你要及时寻求专业心理咨询师或朋友的支持，获得情感方面的安慰和建议，避免陷入孤立无援的状态，必要时果断结束关系。

> 记住：高阶的看人方法不是预判他人的套路，而是坚守自己的底线。

高阶看人技巧：从"看透"到"引领"

前面的内容主要教大家如何看人，如何通过"看透"对方来"防坑"，而本书最后的内容是教大家如何进行自我重塑。本书不仅想教会大家如何"看透"他人，更重要的是，想教会大家如何通过"引领"关系完成自我重塑。现在，大家可以尝试做以下三个练习。

①悬浮式看关系

请想象一下，创造"第三只眼"，这只眼睛悬浮在空中，以更远、更高、更客观的视角审视周围的关系。我们把自己当作一个旁观者，像观察他人的关系一样去观察自己身边的关系，这样就可以有效避免视角的局限。

②透过投射看他人

下一次，当对方挑剔、嫌弃你时，你就知道对方心里很可能有一个完美主义的批判者在指责他自己，他只是把对自己的不满投射给你，并不是针对你。

同样，如果对方总是夸奖、肯定、支持你，那他的心里很可能住着一个"包容自己、接纳自己、肯定自己"的好自体。

③整合自我阴影面并打破重复的关系模式

言行不一的人都有一个无法整合的自己。

在一段关系中，我们往往会被自己缺乏的特质吸引，对自己痛恨的特质感到排斥。

例如，如果我们不喜自己的优柔寡断，通常渴望找到一个处事果断的另一半；如果我们不喜自己的幼稚，通常渴望寻觅一个成熟的另一半；如果我们不喜自己的强势，通常更喜欢顺从的另一半……

但吸引过后，我们自身的特质往往会与对方身上的特质（我们所缺乏的）产生冲突。

我们可以先识别自己在关系中的阴影面（如过度依赖、控制欲等），通过自我接纳和整合来接纳多面的自己，这样才能接纳多面的他人。一旦我们接纳了曾经排斥的特质，就有可能打破重复的关系模式，迎来更多全新的可能。

后　记

在刺激与反应之间，我们有选择的权利。

　　掌握书中关于依恋风格、人格类型、防御机制、看人小技巧等内容，可以帮助你在人际关系中规避很多风险，少走很多弯路。

　　愿这本书是你"新生"的开始，让你学会基础的看人、选人技巧，带你读懂对方潜意识里真正要传递的信息。祝你不再落入他人的"面具"圈套，将建设美好未来的能力牢牢掌握在自己手中。

- **注意事项**

如果你（或身边的人）在人际关系中持续感到痛苦，或者出现书中提到的某些极端行为，寻求专业人士的帮助是至关重要的。以下是几个具体的步骤。

1. 识别问题

- 记录你（或身边的人）的情绪、行为和关系模式，明确问题的核心（如情绪失控、依赖过度等）。
- 参考书中的测试工具（如依恋风格初步筛查工具），但不要进行自我诊断。

2. 寻找合适的心理咨询师

- 通过正规渠道（如医院心理科、心理咨询机构等）寻找有资质的心理咨询师。
- 选择擅长处理你（或身边的人）所关注问题（如依恋问题、人格障碍等）的心理咨询师，向对方寻求帮助。

3. 初次咨询准备

- 提前整理好困扰你（或身边的人）的问题，以便心理咨询师快速了解情况。

- 保持开放的心态，心理咨询是一个逐步探索和改变的过程。

4.持续跟进

- 定期参加咨询，配合心理咨询师的建议进行自我调整。
- 如果咨询效果不佳，可以与心理咨询师讨论并调整方案，或者寻求第二意见。

5.紧急情况处理

- 如果你（或身边的人）出现自伤、自杀倾向，请立即拨打心理危机干预热线（如北京市心理援助热线：010-82951332），或者前往医院急诊科寻求帮助。